# 策略

# ブラック生徒指導

## 二度と問題を起こさせない叱り方

中村 健一 著

明治図書

# はじめに

「管理職になりませんか？」

こう声をかけられることが増えてきた。有難いことである。

私も来年で50歳になる。同期には、管理職になった友人も多い。

そんなベテランの私なのだから、管理職への誘いがあるのも当然といえば当然だ。

でも、自由でいたいのが本音かな。30人の子どもたちと保護者に責任を持つだけでも、精一杯である。管理職になってしまったら、学校全体の子どもたちと保護者に責任を持たなくてはならない。また、職場の同僚たちにも責任を持たなくてはならない。

私は、故・植木等氏を敬愛している。そして、最も好きな芸能人は、高田純次氏である。

私は、こういう「軽い」大人でありたい。「無責任な」大人でありたい。

もちろん、植木氏や高田氏が、「軽い」「無責任な」大人を演じているのは、承知の上だ。

彼らは、腹黒い。ブラックだ。彼らが、実は真面目で誠実なのが、私には分かっている。

分かった上で、彼らのように見せかけは「軽い」「無責任な」大人として振る舞いたいと思っているのだ。そんなポリシーを持っている私に、管理職は似合わない。

だから、私は生涯現役、生涯学級担任として過ごすつもりだった。しかし、私の歳から、定年が65歳になるらしい。

60歳で、学級担任として働く自分は想像できた。昼休みに子どもたちと遊んで、グラウンドを走り回る60歳の自分も想像できた。

しか〜し！65歳である。65歳まで学級担任として働けるのか？子どもたちと遊び続けられるのか？走り回れるのか？不安がある。そもそも、生きているのか？

中村の今後は、どうなるのか？管理職になっていたら、笑って欲しい。まあ、教頭を飛ばして、いきなり校長になってくれと言われたら、今すぐOKだけどね。

誘いに乗って、管理職になるべきなのか？それとも、学級担任であり続けるのか？正直、迷う。同じ悩みを持っているアナタ、文通しましょう（笑）。

または、大学の先生にでもなるかなあ。大学の先生にお誘いいただける方は、私の携帯にお電話ください。いや、私は、携帯電話を持っていなかった。

そんな私の今のポジションは、生徒指導主任。教務主任だと、担任を外される可能性がある。そこで、生徒指導を希望している。

しかし、生徒指導主任は、私に向いていた。これが、楽しい。実に、楽しい。お陰で今回の『ブラック生徒指導』は、会心の作になりそうだ。なんせ、書きたいことが多すぎる。伝えたいことが多すぎる。本書『ブラック生徒指導』は、『ブラックシリーズ』の中でも一番の作品になると確信している。

『ブラック学級づくり』が爆発的に売れた。『ブラック保護者・職員室対応術』も売れた。『ブラック授業づくり』も売れた。『ブラック学級開き』も、毎年4月に売れ続けている。そして、前作『ブラック運動会・卒業式』が、……こけた。見事に売れなかった。

ということで、今回の『ブラック生徒指導』は、起死回生を狙っての1冊である。この本が売れなければ、次の『ブラック』はないだろう。読者にも、その辺りの危機感を持って、本書を読んで欲しい。そして、『ブラックシリーズ』が続くように、お仲間に、お友達に、ご家族に、親戚に、他人に、薦めて欲しい。

2019年7月17日　令和最初の夏休み3日前に

夏休み大好き教師　中村　健一

【お断り】

実際の個人と個々の事件が特定されないように、配慮しています。

そのため、本書で紹介しているエピソードは、事実をゆがめない形で再構成し、仮名にしてあります。

最初にそのことをお断りしておきます。

# もくじ

## 第1章

## 「予防」術

### 生徒指導上の問題など起こさせない

## 第2章
## 「対応」術
### どんな問題も全てまるめられる

## 第3章
## 「指導」術
### 子どもに二度と問題を起こさせない

## 第4章

# おかわりブラック

## やめられない腹黒さ…

# 第1章

# 「予防」術

## 生徒指導上の問題など起こさせない

# 「いじめ」の陰には「学級崩壊」がひそむ

生徒指導については、書きたいことが多すぎる。何から書こうか？迷う程である。

しかし、最初に述べるべきは「予防」についてだろう。

たとえば、「いじめ」である。「いじめ」は、いったん起こってしまえば、解決が難しい。解決するために、担任教師は、膨大なエネルギーを使う。また、その教師の同僚も管理職も、膨大なエネルギーを使う。解決の過程で、みんなが傷つきもするだろう。

そんな膨大なエネルギーを「解決」のために使うのなら、「予防」に使った方がいい。「予防」にかけるエネルギーの方が「解決」のためより、よっぽど少なくて済む。

「いじめ」は起きないように「予防」するのが一番なのだ。

では、「いじめ」の予防をするために、一番有効な「策略」は何なのか？

それは、学級崩壊を起こさないことである。なぜなら、

## 重大な「いじめ」事件の裏には、学級崩壊がある

からだ。これ、意外に言われていないことである。

マスコミが大きく報道する「いじめ」事件がある。私には、その「いじめ」事件が起こったクラスがまともに機能していたとは思えない。それなのに、なぜかマスコミは学級崩壊については報道しない。

ある県の友人の指導主事は、

「うちの県の『いじめ』の重大事件は、全て崩壊学級で起こったものだった」

と内緒で教えてくれた。私の経験上も重大な「いじめ」は、全て崩壊学級で起こっている。

そりゃそうだろう。学級が正常に機能していて、「いじめ」だけが起こっている状態は想像できない。

たとえば、講座の最後のQ＆Aで若手から、次のような質問をされることがある。

「私のクラスでは、よく靴隠しが起こります。靴隠しを防止するために、何か良い手はないですか？」

## 学級免疫力の海

そんな時、一緒に講座を行っている親友・土作彰氏は、「学級免疫力」の話をする。

「アナタのクラスでは、本当に靴隠しだけが問題なのですか?他のことも上手くいっていないんじゃないですか?」

確かにその通りだと思う。学級の力が落ちてくると、いろいろな問題が起きる。逆に学級の力が高まれば、問題は起こらない。

どのクラスにも問題が起きる要因が同じだけひそんでいる。

しかし、問題が起きるクラスと起きないクラスがあるのだ。

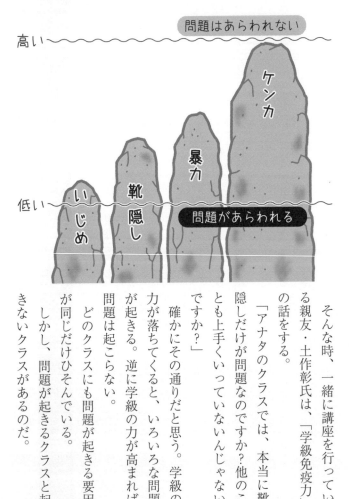

ちなみに、私のクラスでは有難いことに、靴隠しが起きたことがない。学級の力がある程度育っているので、問題が起きにくくなっているのだと思う。

逆に崩壊している学級ではいろいろな問題が起きる。靴隠し、ケンカ、暴力、女子同士の対立などなど。もちろん、「いじめ」もそうだ。だから、

## 「いじめ」の最大の「予防」は、学級崩壊させないことなのだ。

では、学級崩壊させないためには、どうすればいいのか？ 挨拶、給食、掃除などなど。「当たり前」のことを「当たり前」にさせる。これに尽きる。

たとえば、掃除。掃除だけ黙って全力でやって、授業はぐちゃぐちゃ。そんな状態は、想像できない。やはり、掃除を一生懸命やるクラスは、授業もがんばる。他のこともがんばる。だから、「当たり前」のことを「当たり前」にさせるのが一番大事なのだ。

まあ、学級づくりについては、初代『ブラック学級づくり』を読んで参考にして欲しい。

いずれにせよ、「いじめ」を始め、いろいろな問題を起こさせないための「予防」として一番大切なのは、学級づくり。学級崩壊させない「策略」なのである。

# 残念だが、トラブルにつける「万能薬」はない

教育に正解がない時代が来ている。

この方法さえやっておけば、絶対に成功する。そんな方法はない。「万能薬」などない。

この子には通用するけど、あの子には通用しない。このクラスには通用するけど、あのクラスには通用しない。こんなことがよくある。

下手をすると、この時間のあの子には通用するけど、この時間のあの子には通用しない。この時間のクラスには通用するけど、この時間のクラスには通用しない。なんてことさえある。

だから、私は指導のバリエーションを持っておくことが大切だと主張し続けている。ネタもたくさん持っておくことが大切だと言い続けている。

生徒指導もそうだ。万人に通用する策などない。

対応も、もちろん、そう。それぞれの子どもや保護者に合った対応をするしかない。

そこで大切なのが「ふり返り」である。対応しながら、子どもや保護者の様子を見て、「策略」を練る。上手くいっていれば、その策を続ける。上手くいっていなければ、別の策を取る。「ふり返り」をしながら、どう対応するか「策略」を巡らせるのだ。そして、

## 何よりも大切なのが、どうすれば未然に防げたかを考える「ふり返り」である。

くり返し述べるが、一番大切なのは「予防」なのだ。

たとえば、あるベテラン男性教師のクラスで殴り合いの大ゲンカが起こった。一人が骨折をする程の大ゲンカである。

骨折させられた子の保護者の怒りを解くのが大変だった。もちろん、すぐに担任が責任を謝罪していないなど、初期対応のまずさのせいもある。対応に反省すべき点も多い。

しかし、それ以上に私が驚いたのが、ケンカの原因である。

体育で60ｍハードル走の記録を取ったそうだ。２人ずつ走った。ケンカした２人は一緒に走った。そして、勝った子が負けた子に威張ったのがケンカの原因らしい。

「出席番号順に走ったんで……」と担任は言っていた。この言葉を聞いて、私は開いた口がふさがらなかった。

実は、この2人は度々大ゲンカして、問題を起こしている。犬猿の仲だ。それなのに、2人を一緒に走らせる意味が分からない。

2人を一緒に走らせれば、またケンカになる可能性がある。そう予測できるではないか。そんな危険な可能性があるのだから、2人を一緒に走らせるのは避けるべきだ。

たとえば、私なら、「同じぐらいの速さの人同士で競う方が良い記録が出るよね。50m走の記録で走るペアを決めたから、がんばってね」と適当なことを言って、2人を一緒に走らせない。

または、2人より出席番号が早い子を記録係に指名するかも知れない。そして、記録係は最後に走ることにする。そうすれば、1つ順番がずれて、2人が一緒に走ることはない。

いずれにせよ、どんな手を使っても、2人を一緒に走らせないだろう。

「なんでこんな問題が起きたのか？」をしっかり「ふり返る」ことが大切だ。

しっかり「ふり返り」をして「策略」を巡らせよう。そうすれば、このベテラン教師のような失敗をくり返し起こさずに済む。

# 問題を引き起こしそうなものは全てツブセ

数年前のことである。男子2人が女子トイレを覗くという事件が起きた。

実は、困難校では、こういう性的な事件がよく起きる。

性的な事件は、大問題だ。下手すると、被害者の保護者から訴えられてしまう。刑事事件になってしまったら、大変だ。マスコミに報道されでもすれば、大騒動になる。全校の子どもたち、職員が落ち着いて学校生活など送れなくなる。

だから、性的な問題は特に誠実に、そして、スピーディーに対応することが必要だ。

まずは、学校側が被害者宅に行く。大問題なのだから、もちろん、担任だけでなく、管理職も一緒に行く。そして、学校としても大問題として捉えていることを説明する。そして、事件が起きてしまったことを心から謝罪する。再発防止に努め、二度とこのような大事件を起こさないことも約束する。

また、加害者本人と保護者を学校に呼び出し、厳しく指導することを約束する。被害者宅に謝罪に来させることも約束する。

他に要求がないかも聞く。そして、基本的に要求を全て呑む。とにかく被害者の怒りを解くことが最優先である。

次に、説明通り、加害者とその保護者を学校に呼び出す。そして、管理職から話をしてもらい、大問題であることを自覚してもらう。そして、すぐに菓子折りを持って、子どもと一緒に被害者宅に謝罪に行ってもらう。担任も管理職も一緒に行った方がいい。とにかく、加害者も学校も反省している姿をしっかり見せる。

訴えられないためには、細心の注意を払って、対応することが大切だ。

事後の対応を誠実にスピーディーに行うと共に、こういう事件が起こった時、私が考えることがある。それは、

## どうすれば、この子たちに問題行動を起こさせずに済んだのか?

ということだ。先に書いた「どうすれば未然に防げたかを考える『ふり返り』」である。

たとえば、この事件でいえば、男子トイレから女子トイレが覗けるということが問題の1つであった。男子トイレと女子トイレの上の空間がつながっていたのだ。そして、男子トイレの手洗い場に登れば、女子トイレが丸見えという構造になっていた。

そこで、私は教頭にお願いして、この空間をふさいでもらった。幸い、その学校には大工顔負けの用務員さんがいた。その用務員さんが板を買って来てくれて、その空間をふさいでくれた。

この状態なら、男子トイレから女子トイレを覗きたくても、覗けない。または、「覗いてみようか」なんて、変な気を起こさせずに済む。それに、トイレの上の空間をふさいだ事実を伝えれば、被害者の子どもも保護者も安心できる。

もちろん、このトイレの話は、一例だ。

**子どもたちに問題行動を起こそうかなんて、変な気にさせないための「予防」が大切なのだ。**

私はこうやって、子どもたちが問題行動を起こさないように「予防」のための「策略」を巡らせる。困難校では、特にこういう発想が大切だ。

# 暴力は「負け！」と教え込め

夏休みは眠れなくなる。やりたいことが多すぎて、テンションが上がってしまうのだ。今日も、夜中の1時から起き出して『ブラック』を書いている。

そんな時、息抜きに明け方から放送しているニュース番組を見ることも多い。

さっき見たニュースは、傘で目を突き、相手を失明させてしまった男の話だった。その男は、当然、逮捕。詳細は、まだ分かっていない。しかし、相手との間に何かしらのトラブルがあったのだろう。理由もなく、いきなり傘で目を突いたとは思えない。

ひょっとしたら、被害者の方が悪かったのかも知れない。ひょっとしたら、被害者にひどい言動があったのかも知れない。

それでも、当然、目を突いた男が逮捕である。ケガをさせてしまったら、「負け」。ましてや失明させてしまったら、明らかに「負け」なのだ。

これは、学校現場でも同じである。次のことは、「予防」として、子どもたちに伝えておくといい。


一方だけが暴力を振るったら、「負け」。

両方が暴力を振るっても、ケガをさせたら、「負け」。


そうすれば、暴力が減る。

私は基本的にケンカは両成敗にしている。ケンカをした当事者を呼び、最初に次のように言う。

「どちらにも悪いところがあるから、ケンカになるんです。先生はどっちの方が悪いなんて判定はしません。先生は裁判官じゃない。お前が悪いなんて言わずに、自分の悪いところを反省しなさい。そうしないと成長できません」

そして、ケンカに至るまでの流れを確認する。そして、一つ一つの行動を反省させる。

「まず、2人は、最初座っておしゃべりしてたんだね。これって、いいの?悪いの?」

「……いい?」

「もちろん、いいよね。友達2人でおしゃべりするのは、決して悪くない。いいことだ」

この辺りは、「策略」だ。問題を起こした子どもたちの全ての行動が悪い訳ではない。キーポイントとなる悪い行動だけ反省すればいい。そこで、初めに2人の行動を肯定することで、他の行動にも「いい」と言いやすくしている。

「次は、AくんがBくんの本を取って逃げたんだよね。これって、いいの？悪いの？」

「悪い」

「そうだよね。これが全てのきっかけになっている。君が人の物を勝手に取らなければ、ケンカになっていないよね」

「次に、BくんはAくんを走って追いかけたんだよね。これって、いいの？悪いの？」

「悪い……」

「どこが悪い？」

「教室で走ったから」

「そうだよね。教室で走ると危ないよね。Aくんが転んでキレたのも、君が走って追いかけたからだ」

こうやって聞いていけば、どちらにも悪い点はあるものだ。

「Aくんが悪かったのは？」

「本を取ったのと、キレてBくんを叩いたの」

「その点について、Bくんに謝りなさい」

「Bくんが悪かったのは？」

「走って追いかけたのと、Aくんを叩き返したの」

「その点について、Aくんに謝りなさい」

こうやってお互いに謝罪させる。

「子どもだからケンカするのは仕方がない。しかし、相手のせいばかりにしていたら、成長できないでしょ。君たちは自分の悪いところをきちんと反省して謝れた。だから、エライ！成長してる！成長したんだから、同じことはくり返さないようにね」

褒めて終わる。ケンカ両成敗。これで、一件落着である。

しかし、どちらが悪いか判定する場合がある。その判定基準は先にクラス全員にはっきりと伝えておく。クラスで初めてケンカが起きた時がいい。

ケンカしたAくんとBくんを立たせ、クラスみんなの前で言う。

「先生は、ケンカは両方が悪いと思っています。どちらかが一方的に悪いなんて思っていません。今回のケンカもAくん、Bくん共に悪いところがあった。２人はきちんとそれを認め、反省して謝った。二度と同じ失敗はくり返さないだろう。だから、成長できた。君たちもAくん、Bくんのようにケンカした時は相手のせいにするんじゃなく、自分のしたことを反省するんだよ。成長した２人に拍手〜！」

クラスみんなで拍手を贈る。叱られると思って立っていたAくん、Bくんも笑顔になる。また、２人を褒めることで、相手のせいにせず自分を反省することをクラスに広められる。

ただし、次のように付け加えておく。

「でも、ケンカをした片方だけが悪くなる場合があります。片方だけが暴力を振るったら、『負け』。両方が暴力を振るっても、ケガをさせたら、『負け』。両方が手を出しても出さなくても、相手が年下なら、それだけで『負け』。片方だけが悪い場合は、お母さんに連絡して、相手の親に謝ってもらうことになります」

こう言っておけば、暴力が起きることは極端に少なくなる。子どもたちが暴力を振るうことの「予防」のための大切な「策略」だ。また、仮に暴力が起きたとしても、「お前の方が悪い」と相手より厳しく叱ることができる。

# 子どもの背後にいる保護者の顔色をうかがえ

「一方だけが暴力を振るったら、『負け』。両方が暴力を振るっても、ケガをさせたら、『負け』」。このように、どうしたら「負け」なのかを明示すれば、子どもの暴力を「予防」できる。前の項で書いた通りだ。

しかし、この「策略」には、もう1つ理由がある。それは、

## 子どもの背後にいる保護者を納得させるためである。

私は基本的にケンカを両成敗にしていると書いた。しかし、一方だけが暴力を振るったのに2人に同じ叱り方をしたとする。すると、暴力を振るわれた子の保護者はどう思うだろう？

「私の子は手を出していない。それなのに、同じように怒られた。先生はおかしい」

こう思って、担任不信につながるかも知れない。

また、一方だけがケガをしているのに、2人に同じ叱り方をしたら、どうだろう?

「私の子はケガをした。それなのに、同じように怒られた。先生はおかしい」

こう思って、担任不信につながるかも知れない。

不信に思うぐらいなら、まだ、マシ。最近の保護者は、思ったらすぐに行動する。

「先生、ケガをさせられた私の子も同じように怒られるなんて、おかしくないですか!?」

電話、いや、直接苦情を言いに来るかも知れない。下手すると、夫婦で来る。最近の保護者は、本当に情熱的だ。先生を攻撃するためなら、すぐに動く。そして、手段を選ばない。だから、教師が傷つくことになる。

こんなことにならないようにするには、やはり、「策略」が必要なのだ。

一方的に暴力を振るわれたり、ケガをさせられたりした子の保護者は、自分たちが被害者だと思っている。まずは、その気持ちを理解した方がいい。

その上で、被害者の気分を損ねない「策略」を練らなければならない。

自分たちを被害者だと思っている保護者を納得させるためには、

## 一方的に暴力を振るった子、ケガをさせた子の方をより厳しく指導する必要があるのだ。

被害者だと思っている保護者は、加害者を厳しく叱って欲しいと願っている。だから、加害者の方をより厳しく叱れば、被害者の保護者も納得しやすい。

また、加害者の保護者にも理解してもらいやすい。

「子どもたちにも、ケガをさせたら『負け』だと言ってありますんで……申し訳ありませんが、謝罪の電話をしていただけますか？」

こんな風に謝罪のお願いをすることもできる。

## 子どもの背後にいる保護者の存在を意識して指導するのがプロである。

一番のお客さんは、保護者なのだ。教師は常に背後にいる保護者の顔色を想像しながら「策略」を巡らせなければならない。

# 防犯カメラで万引きが減れば夏休みは快適



終業式の後に、生徒指導主任として全校に話をしている。長期休業前に特に注意しておきたいことを話すのだ。

３つに絞って話すのだが、その１つに万引きを入れることが多い。

万引きは犯罪である。だから、子どもたちには絶対にして欲しくない。もちろん、こんな思いもある。

しかし、それ以上に私が強く思っているのが、

**生徒指導主任の私が長期休業中に警察に呼び出されずに済むようにするため**

である。

せっかく、子どもたちのことは一切忘れて、夏休みを楽しんでいるのだ。冬休み、春休みを楽しんでいるのだ。

それなのに、警察に呼び出されたら、楽しい気分もパーになってしまう。

万引きの「予防」をすることは、私自身のため。私自身のために大切な「策略」なのだ。私は常に、自分ファーストの男である。

そこで、長期休業前の3つの注意の中に万引きの話を「予防」として入れておく。

「3つ目は、お店についてです。3つ目、何ですか?」

「お店!」

私が聞けば、全校が声を揃えて答える。こうやって確認しながら話をするのがいい。すると、子どもたちはしっかり聞く。また、飽きにくい。

「そうです。3つ目はお店についてです。これは、『用もないのにお店に行かない』ことが大切です。『用もないのにお店に行かない』、言ってみて」

「用もないのにお店に行かない」

私の学校では、このぐらいの長さの言葉は全校が揃えて言える。揃えて言えなければ、1年生に言わせてみるといいだろう。そして、そのスピードに合わせて全校に言わせる。

何事もトレーニングである。くり返しやっていれば、子どもたちは少々長い言葉でも全校で揃えて言えるようになる。

「そうです。『用もないのにお店に行かない』ことが大切です。なぜだか、分かる？」

こう聞くと、子どもたちから「万引き」という声が上がる。

「そうです。先生が心配しているのは、万引きです。用事もないのにお店に行くと、欲しい物があるかも知れません。そして、お金を持っていなかったら、万引きをしてしまうかも知れません」

厳しい表情で言うと、子どもたちは真剣に聞いてくれる。

「今はね、どのお店にも防犯カメラがあります。先生も何度も見せてもらったことがあるけど、防犯カメラってすごいんだよ。お店の様子がずっと録画されていて、誰が何を盗ったか、はっきり分かる。アップにもできて、顔も手も万引きした商品も画面いっぱいで見られるんだよ。だから、万引きしたら、すぐバレる」

私はあえて、このようなリアルな話をする。万引きしたくなった子どもたちがこの話を思い出せば、やめてくれるだろうと計算しているからだ。

「万引きは、犯罪だよ。簡単にいえば、警察に捕まる。自分の子が警察に捕まれば、お母さんもお父さんも、イヤだよね。大きなショックを受ける。楽しい夏休みが、パー。家族で、暗〜い気持ちで夏休みを過ごさないといけない」

語気を強めて、暗い表情で言う。教師にはこういう演技力が必要だ。

「万引きをしないために大事なことは何？」

「用もないのにお店に行かない！」

「万引きなんて犯罪を絶対にしないように、もっと気持ちを込めて強く言いなさい」

「用もないのにお店に行かない!!!」

全校で声を揃えて強く言わせる。

こんな話をしているからなのか、私が生徒指導主任をした学校では、長期休業中に万引き事件が起こったことがない。

万引きを「予防」することは、生徒指導主任が長期休業を楽しく過ごすための大切な「策略」なのだ。

生徒指導主任になったら、万引きを「予防」して、自分の楽しい長期休業を守って欲しい。

# 「靴隠し、キモッ！」と言い放て

先に、私のクラスでは靴隠しがあったことがないと書いた。

万引き「予防」の話を書いていて、思い出した。そういえば、靴隠しについて、こんな話をしているのが「予防」として効いているのかも知れない。

4月の最初、他のクラスで靴隠しがあれば、次のように言う。いや、靴隠しがなくても、適当に事件をでっちあげて言うな。

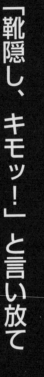

「昨日、ある学年で靴隠しがあったそうです。君たちの中で靴隠しをしようと思っている人はいますか？」

当然、誰も手を挙げない。

「ですよね。靴隠しは犯罪です。人の物を盗るのは、泥棒と同じだよ。犯罪者になりたい？なりたくないよね。だったら、絶対に靴隠しなんか、しちゃダメだよ」

まずは、「正攻法」。靴隠しは犯罪だからしてはダメという当然の話をする。

それでも、新学期最初の子どもたちは、素直。うなずきながら聞いてくれる。

ここからが、「邪道」。次のように話を続ける。

「でもさ、犯罪とかなんとか言う前に、靴隠しって気持ち悪くない？普通さ、人が嫌な思いをしたら、自分も嫌でしょ。でも、靴隠しする人って、人が困っているのを見て、ニヤッてするんでしょ。人が嫌がるのが、嬉しいんだよね」

「ニヤッ」のところで気味悪く笑って見せる。子どもたちが気持ち悪がるぐらい迫真の演技をする。

「先生は、そんな人と絶対に仲良くできない。仲良くしたくない。だって、気持ち悪いもん。想像してみて、靴を隠されて困っている友達を見て、ニヤッてしてるんだよ。気持ち悪くない？君たち、そんな人と仲良くできる？仲良くできる人？仲良くできない人？」

子どもたちは、当然、「仲良くできない人？」に全員手を挙げる。これで、靴隠しを許さない子が多数。靴隠しを許さない世論を形成できる。というか、靴隠しをする人は気持ち悪いという世論だな。

最後にあえて、次のように言う。

「靴隠しをする人って、本当に気持ち悪いよね。言い方は悪いけど、君たちの言葉で言えば、靴隠し、靴隠し、キモッ！だよね」

「靴隠し、キモッ！」は強調して言う。本当に気持ち悪そうな表情で言う。私は、

**「キモッ！」「ズルい」「卑怯」「最低」など、子どもの耳に残りそうな汚い言葉をあえて使うことがある。**

もちろん、個人やクラス全体を叱る時に使うのはアウト。パワハラだ。使うのはこういう仮の話に限る。

善良な先生は言葉遣いに気をつけるものだろう。

しかし、「靴隠し、気持ち悪い」よりは「靴隠し、キモッ！」の方が子どもの心に残る。

だから、「策略」として、あえて汚い言葉を使っているのだ。

**きれいな言葉だけでなく、あえて汚い言葉も使うのがプロ教師である。**

強くオススメはしない。でも、機会があれば、やってみてほしい。

# 「いじめ」をする子は教師の「敵」と叫べ

新しいクラスを持つ度に、ずっと行ってきた授業がある。深澤久氏（「道徳教育改革集団」前代表）の「命の授業」である。新採2年目から、4月の早い時期に必ず行ってきた。

昭和61年に起きた「いじめ」自殺の事件を扱った授業だ。当時中学2年生だった鹿川裕史くんが犠牲になった。私が知る限り、「いじめ」による最初の自殺者である。

私も中学生、15歳の時に起きた事件だ。当時大きく報道されたので、私の記憶にもはっきりと残っている。

実際の新聞記事、そして、鹿川くんの遺書が心に突き刺さる。子どもたちに、「いじめ」は本当に怖いものだと実感させることができる授業だ。

私は昔、「深澤氏主催の道《マルドウ》」のメンバーだった。だから、「命の授業」を追試した。

追試したのは深澤氏の授業そのものではない。「道徳授業改革双書」の『命の授業―道徳授業の改革をめざして』（深澤久編著、明治図書）に掲載されていた修正追試の実践を真似したように記憶している。

もちろん、追試する度に、少しずつ修正している。そのため、今私がしている「命の授業」は原型をとどめていないかも知れない。

数年前、「命の授業」が私のクラスの「いじめ」の「予防」にとても役立っていることに気づいた。辻川和彦編著『現場発！失敗しないいじめ対応の基礎・基本』（日本標準）の部分執筆の依頼をいただいた。その時、「予防編」のページを担当させていただいたのがきっかけだ。

そこで、3月に行う学級開き講座で、「命の授業」の追試を披露した。

何か所かで披露したのだが、好評だった。しかし、「命の授業」を知っている若手は、今や皆無。実にもったいないことだ。

やはり、良い実践は、良い。そして、素晴らしい授業は、力を持ち続けている。

私の新採2年目といえば、もう25年以上前だ。それでも、25年後の今の子どもたちにも通じる。25年の時を経ても、「命の授業」は、輝き続けているのだ。

若手たちにも、ぜひ、追試して欲しい。

私が言い続けていることだが、授業もネタも開発する必要はない。子どもたちにとっては、楽しい授業かどうか？自分たちの力になる授業か？だけが重要だ。誰が開発したかなんて、問題ではない。

良い授業は、どんどん追試するに限る。そうすれば、楽に楽しく子どもたちに力をつけることができる。「いじめ」を「予防」することもできる。

と言いながら、今手に入る本で、「命の授業」を知る術はあるのかな？

深澤氏には、『道徳授業原論』（日本標準）という集大成とも言える本がある。しかし、その本にも「命の授業」の断片は出てきても、全ての流れは出てこない。

若手たちには、何とか「命の授業」の流れを手に入れて、追試して欲しい。

「命の授業」の最後、私は次のように語る。熱く語る。迫力をもって語る。全身全霊を込めて語る。

「先生は絶対に『いじめ』を許しません。『いじめ』をする子とは全力で戦い、『いじめ』をやめさせます。『いじめ』をするなら、先生と戦う覚悟でしなさい。『いじめ』をする子は、先生にとって『敵』です」

私は「敵」とまで言い切る。「敵」とはキツい言葉だろう。しかし、あえて私は「敵」と言う。

先にも書いたように、

**きれいな言葉だけでなく、あえて汚い言葉も使うのがプロ教師である。**

と考えているからだ。

**「敵」という言葉を使ってでも、教師が絶対に「いじめ」を許さないという姿勢を見せておく。これは、「いじめ」の「予防」のための大切な「策略」なのだ。**

若手も4月の早い段階で、「先生は『いじめ』は絶対に許さない」という強い姿勢を見せておくといい。教師の覚悟が伝われば、「いじめ」を「予防」することができる。

ちなみに、私は「命の授業」を最初の参観日にすることが多い。すると、保護者にも「『いじめ』を絶対に許さない」教師であることをアピールできる。また、「この先生のクラスでは『いじめ』は起こらないな」と安心してもらうこともできる。

保護者の前で「いじめ」を「予防」することは、教師の良い宣伝にもなるのだ。

# 「スパイ」を育てよ

中村健一は、実に、さっぱりとした男である。

女性にフラれても、しつこくはしない。そして、彼女の幸せだけを祈っている。

中村健一は、実に、かっこいい男なのだ。

だから、しつこく先生に言いつけにくるやつとか、嫌い。大嫌い。

それなのに、私のクラスには必ず、

「先生、○○くんが、△△しました」

と、すぐ言いつけに来る子がいる。重箱の隅をつつくように、しつこく報告に来る。

私は正直、この手のしつこいタイプが苦手だ。うっとうしい。

「分かったから、もういちいち言いに来るな！」

と叫びたくもなる。

私のクラスだけではない。どのクラスにも、こういうタイプの子がいるだろう。そして、うっとうしいという気持ちも、共感してくださる方が多いのでは？と思う。

しかし、うっとうしいと思う心とは裏腹に、私はこういうタイプの子を大切にする。


**私は心の中で「スパイ」と呼んでいる。**

**「スパイ」は、問題の「予防」のための「早期発見」の役に立つからだ。**


問題を解決するためには、情報が欠かせない。問題を素早くキャッチできれば、素早く手を打てるからだ。気づいた時には、もう手遅れ。なんてことにはならない。

と考えれば、その情報を細かく入れてくれるのだ。「スパイ」の存在は有難い。


**リーダーである教師に好きとか嫌いとかの感情は関係ない。**

**学級という国を安定させるためなら、何でも使う。**


こういう発想が必要なのだ。

「先生、○○くんが、△△しました」

スパイがこう言ってくれれば、「ありがとう」とまずお礼を言う。これだけで、スパイは満足だ。次々と情報を運んでくれる。

スパイから情報をもらえば、すぐに対応することもある。○○くんを呼んで、注意するのだ。スパイの目の前で叱るといい。

すると、スパイは目を輝かせて喜ぶ。こういうタイプの子は、人が叱られるのを喜ぶ。叱られるのを見たくて、言いつけに来ているようなものだ。

しかし、注意しない方がいい場合がある。たとえば、発達障害の子の場合である。発達障害の子の問題行動は、基本、スルー。上手に流すことが大切だ。

そんな時は、スパイの耳元で次のようにささやく。甘く、ささやく。

「ありがとう。でも、○○ちゃんだから、内緒で言うね。○○くんはさ、分かっていてもそういうことしちゃう時があるんだよ。今回は○○ちゃんの大きな心で許してあげてね。でも、○○くんにとってよくないことは、やっぱり注意しないといけない時もあるからさ。また、何かあったら、教えてね。ありがとう」

こういうタイプの子の目的の1つは、先生に近づくこと。こうやって、「内緒」の関係をつくると、本当に嬉しそうにする。そして、さらに細かく情報を運んでくるようになる。

## クラスの情報を得るためには、「スパイ」を育てる「策略」が大切だ。

教師には、好きとか嫌いとかいう感情はいらない。「スパイ」から情報を得て、早めに問題に対応しよう。

もちろん、この話、「スパイ」だけに限らない。

## 学級を上手く回すためなら、使えるものは何でも使う。

このぐらいドライに割り切って、感情を捨てよう。感情は時に冷静な判断を狂わせ、間違った「策略」を選ばせることもあるのだ。

クラスのリーダーである教師は、常に冷静であるべきである。そして、学級を成り立たせるために必要だと判断すれば、「策略」として、好きなことも、嫌いなことも、取り入れるしかない。

# 第2章

# 「対応」術

## どんな問題も全てまるめられる

# 先手必勝で保護者の「ご満足」を引き出せ



「予防」の次に大切なのが、「初期対応」である。

どんなに「予防」に努めていても、事件は起きる。それが、子どもというものだ。

たとえば、私のクラスで問題が起きたとしよう。それがケガやお金が絡むことなら、私はすぐに家庭訪問する。私のフットワークの軽さに驚く同僚も多い。「そこまでしなくても」という声を聞くこともある。

私も正直、「面倒くさいな」と思うことがある。「そこまでしなくてもいいかな」と思うことがある。

しかし、歳を取った私は、経験上知っている。最初に面倒くさい思いをしてでも、フットワークを軽くして誠実に対応した方が、後が楽だということを。

問題が起こった時は、初期対応が全てである。初期対応を面倒くさがって、後でもっと面倒くさい思いをする同僚をたくさん見てきた。しかも、長期化すると、もっと面倒くさい。

そんな長い時間、面倒くさい思いをするぐらいなら、すぐに動いて解決してしまう方がいい。

**初期対応のポイントは、素早い対応。**
**そして、相手が思うより一段上の対応である。**

たとえば、2年生のCさんである。Cさんが学校を飛び出して帰ってしまうという事件が起きた。

Cさんは弟が生まれたことで、赤ちゃん返りしていた。お母さんと離れることができず、学校にはいつも母子で来ていた。そして、この日も泣きながら、なんとかお母さんとお別れした。なんとか教室に入り、お母さんは帰って行った。

いつもなら、1時間目が終わるまでには涙も止まり、落ち着いてくる。そして、普通の子と同じように過ごすことができる。

しかし、この日は違った。何が理由かは分からないが、お母さんにどうしても会いたくなったようだ。そして、学校を飛び出してしまった。

お母さんからの電話で、家に帰った事が分かった。探しに出ていた教師たちもホッとして帰って来た。結局その日、Cさんは、休むことになった。

昼休みにすぐに関係教師で会議をもった。そして、放課後、担任と生徒指導主任の私でCさんの家に謝罪と対応策を説明しに行った。

「今日は、Cさんを飛び出させてしまい、大変申し訳ありませんでした。交通事故にでも遭っていたらと思うと、ぞっとします。再発防止に努めたいと思います」

まずは、当然、謝罪である。どんなことであれ、学校で起こったことは、学校の責任なのだ。お母さんは、

「悪いのはうちの子なんです。ご迷惑をおかけして申し訳ありません」

と言ってくださった。さらに、対応策を説明する。

「1時間目が終われば、Cさんは落ち着くようです。そこで、1時間目は、Cさんが飛び出さないように見守る教員を交代で1人つけます。また、全校児童が学校内に入った後

は、2年生の出入り口の鍵をかけておきます。これで、よろしいでしょうか？お母さんから他にご要望があれば、お聞きして検討しますが……」

お母さんは、驚いた表情で、

「1時間目に先生をつけていただけるんですか!?そこまでしていただいて、申し訳ないです」

と言ってくださった。提案した対応策に満足していただけたようだ。

「いえいえ、今回の件は本当に申し訳なく思っています。二度と起こらないように全職員で見守りますので、今回はお許しください」

これで、保護者とのトラブルにはならない。素早い、そして、相手が思うより一段上の対応は受け入れてもらいやすい。

ただ、保護者にこう言った以上は、1時間目に必ず1人ずつ職員をつけなければならない。そのやりくりは大変だ。

しかし、言った以上、確実に行う必要がある。行わなければ、私は嘘つきになってしまう。そして、この保護者は、私に対して、学校に対して、不信感を募らせるだろう。

ただ、ずっと続ける訳にはいかない。

**こういう特別な体制は、「いつやめるか?」も含めて、「策略」を練ることが大切だ。手を切るタイミングも含めて「策略」であることを忘れてはいけない。**

この時は、1週間から10日で切ることを考えた。職員にも次のように期限を伝える。

「何事も起こらなければ、10日でやめます。それまで申し訳ないですけど、ご協力をお願いします」

**人間、終わりが見えなければ、がんばれない。大変なことでも、「後10日のしんぼうだ」と思えば、がんばれるのだ。**

生徒指導のリーダーとしては、この辺りの職員に対するさじ加減も大切だ。

7日間、この子が教室を飛び出すことはなかった。そこで、3日早く、1時間目の見守りを終了することにした。「3日早く」も実は「策略」の内。少し早めに終わった方が、職員に喜ばれる。

保護者に連絡して、見守りをとりあえずやめてみることを告げた。「本当にありがとうございました」と保護者にも納得していただけた。

# 子どもより先に保護者に取り入るべし

初期対応の大原則がある。

**子どもの口から保護者に伝わる前に、教師が保護者に伝えよ**

である。

これを意識するだけでも、保護者とこじれる回数は激減する。大原則中の大原則だ。

たとえば、私のクラスのDくんがEくんにケガをさせてしまった時である。20分休みに事件は起こった。幸いなことに病院に行くほどではない。しかし、結構ひどいすり傷だ。Eくんに巻かれた包帯が痛々しい。

昼休みに2人から事情を聞いた。すると、Dくんは他の子がしたことに腹を立て、無関係のEくんに八つ当たりしていた。一方的にDくんが暴力を振るったのである。

その事実を認め、Dくんは暴力を振るったことをEくんに謝罪した。子ども同士の関係は修復済みである。

Dくんの謝罪が終わった後、私は昼休みの残り時間を使って、すぐにDくんの家にもEくんの家にも電話を入れた。

本来なら、ケガの場合は、すぐに家庭訪問するところだ。しかし、5時間目は、授業。時間がない。そこで、まずは電話で情報を入れておくことを優先した。

クラスで起きたことは全て担任の責任である。被害者のEくんの保護者には、もちろん、謝罪した。そして、加害者のDくんの保護者にも、もちろん、謝罪である。

「実は、Eくんがケガをしてしまって……この度は、Eくんにケガをさせてしまい、大変申し訳ありません」

「実は、DくんがEくんにケガをさせてしまって……この度は、Dくんがケガをさせることになってしまって、大変申し訳ありません」

謝罪して、事実を伝える。

Eくんの保護者は、冷静だった。加害者になることもあるEくんである。むしろ被害者であることにホッとされた様子だった。

Dくんの保護者も冷静に事実を聞き入れてくれた。そして、Eくんの保護者に謝罪したいと言ってくださった。

もう一度、Eくんの保護者に電話を入れる。Dくんの保護者に電話番号を教えていいかどうか?許可を得るためだ。今の時代、勝手に電話番号を教える訳にはいかない。教師は保護者の個人情報を守る義務がある。

「気にしてません。ケガも軽いみたいですし。大丈夫だから、謝罪なんていいですよ」

Eくんの保護者はこう言ってくださったが、許可をいただいた。

DさんにEさんの電話番号を伝えて、一件落着である。

ケガをしているのだから、放課後にきちんと家庭訪問もした。まずは、Eくんと一緒に帰る。そして、ケガをさせてしまったことをもう一度謝罪する。

Eさんは、Dさんから丁寧なお詫びの電話をいただいたことに恐縮されていた。

次に、Dくんの家にも家庭訪問する。Eさんが恐縮されていたことを話すと、安心された様子だった。

これで、この件は、終了である。

電話して、いや、できれば家庭訪問して、事件のいきさつを保護者に説明する。子どもより先に教師の口から事実を伝えるのだ。

子どもより先に教師の口から伝えるのは、正しい情報を保護者に知ってもらうためである。

子どもが先に言うと、子どもは自分に都合がいいように親に話す。Eくんの方が悪いと言い出すかもしれない。いや、下手をすると、Dくんがケガをさせられたなんて、逆の話になって伝わってしまうことさえある。

子どもは、ずるい。親を説得するためなら、泣きもする。涙ながらに訴えられた親は、その子の言い分を鵜呑みにしてしまう。そして、教師に刃を向け、苦情を言いに来るかも知れない。

しかし、先に教師の口から情報を入れておけば、安心だ。保護者も教師の説明したストーリーに乗せて、子どもの話を聞いてくださる。

**子どもの口から保護者に伝わる前に、教師が保護者に伝えよ。**

この大原則は、必ず守る「策略」が大切だ。

# クレーマーのお怒り具合をはかれ

3年生のFくんという男の子がいた。Fくんは担任の若手教師に次のような話をした。

「お母さんが先生に言っておいてって言うんだけど。昨日、家の庭に2年生の子が2人入って来て……俺が『出てけ』って言ったんだけど、にらみ返してきた。その後、庭の壁を見てみたら、蹴った跡があって、少し崩れてた……」

話に出てきた2年生の子はすぐに分かった。そこで、その子たちの担任に話を聞いてもらったらしい。すると、庭に入ったことは、すぐに認めた。しかし、壁を蹴ったことは否定した。

そこで、再びFくんに担任が話を聞く。壁についてもう一度聞いてみると、

「あいつらが蹴ったところは見てない。でも、あいつらが帰った後に、壁が少し崩れて

いた気がする。朝、花に水をやった時には、壁は大丈夫だったと思う……」

なんとも曖昧な返答である。

3年生担任と2年生担任は困ったのだろう。ここでやっと、2人揃って私の所に相談に来た。

私の回答は、単純明快。

まずは、母親に電話をして、何を訴えたいのか？確認しなさい。
また、どのぐらいのお怒り具合なのか？判断しなさい。

お怒りの電話があった訳ではない。お怒りの連絡帳をいただいた訳でもない。若手が悠長に行動したのも理解できないこともない。

それでも、……である。

クレーマー（保護者）の訴えの内容とお怒り具合を知らずに対応することは大変危険である。

逆に言えば、

## クレーマーの要求とお怒り具合を知ってから対応するのが王道

なのは、間違いない。

若手が電話をして、分かった。この母親は、かなりお怒りだ。一番頭に来ているのは、壁を壊されていること。今回の2年生を犯人だとは思っていないが、学校に何とかして欲しいと思っているということだ。

私は3年生担任を連れて、すぐに家庭訪問した。そして、お母さんの話を聞いた。お母さんの希望は、とにかく壁を壊さないようにして欲しいということだった。壁を壊されている家がある。その具体的な事実を伝えた上で、そんな犯罪はやめるようにと強く全校に話して欲しいということだ。

私は、壁を見て事実を確認し、指導するための情報を集めた。そして、各クラスでこの話をして厳しく指導することをお願いした。また、身に覚えはないか?見たことはないか?情報を集めてもらうこともお願いした。

結局、情報はなかった。誰がやったかも分からなかった。そこで、お母さんには、

「誰がやったかは分かりませんでした。大変申し訳ありません。各クラスで壁が壊されている家があるという事実を伝えた上で、犯罪行為はしないように厳しく指導しておきました。これでなくなるといいのですが……また、あったら言ってください」

と家庭訪問して伝えた。お母さんも、

「何度も来ていただいて、申し訳ありません」

と言ってくださった。

1週間後、再び家庭訪問してみた。聞いてみると、それ以来、壁は壊されていないそうだ。お母さんも満足されていた。

このエピソードから分かるように、

**何を訴えたいのか？どのぐらいのお怒り具合なのか？**
**お客様（クレーマー）の要求をきちんと見抜いてから動かなければならない。**

保護者の様子をしっかり判断してから「策略」を巡らせ、対応することが必要なのである。

# 丁寧な対応をしているように演出、最大限アピールせよ

生徒指導主任として、若手教師たちに初期対応の大切さを力説している。保護者対応は、初期対応が全てである。初期対応さえ上手くやっておけば、大きな問題には発展しない。それなのに、

**初期対応で楽をしようとするから、後でもっと大変な思いをすることになるのだ。後で楽をするための投資と思って、初期対応に全力を尽くそう。**

『ブラック保護者・職員室対応術』でも、本書でも、私が言い続けていることである。私が力説しているせいもあって、若手たちのフットワークが軽くなった。どの教師もちょっとの問題でも、私にきちんと報告してくれる。だから、私も「こうした方がいいよ」

と対応を教えられる。私が教える対応は、実に丁寧だと思う。しかし、

## 丁寧すぎるぐらい丁寧に対応しておいた方が、後が楽なのである。

ある日、若手教師に保護者から電話が入った。女の子が男の子の家の周りをうろついているらしい。

実は、この女の子は、この男の子のことが大好き。しつこくまとわりついて、ストーカーのようだった。お母さんは、それを以前から心配されていた。そこで、担任に電話が入ったという訳である。

この若手教師は、私にすぐに報告に来た。私は「今すぐ、行っておいで」と言った。この言葉を受けて、この若手教師はすぐに出かけて行った。

若手教師が帰って来て、私に報告に来た。女の子が発見できなかったので、そのまま帰って来たのだそうだ。

私は、愕然とした。正直、信じられない話だ。

確かに、「今すぐ、行っておいで」としか言わなかった私も悪いのだが……要領が悪す

ぎる。

私なら、どうしただろう？家の周りを見回った後、そのまま家庭訪問したに違いない。しかも、この日は、雨。わざとビシャビシャになって、保護者にアピールしただろう。雪なら、頭や肩の上に積もった雪を乗せたまま家庭訪問したに違いない。夏なら、汗だくのまま訪問して、アピールしただろう。

しかし、この若手教師は、そのまま帰って来た。せっかく誠実な対応をしたのだ。せっかく労力を使って、わざわざ行ったのだ。それなのに、保護者にアピールしない。何てもったいないことをするのだろう。私には、もったいなさすぎて、理解できない行為だ。

仕方ないので、私はこの若手教師に次のように電話をさせた。

「すぐにお家の周りを見に行ったのですが、女の子はいませんでした。明日、指導します。それでも、まだ来るようなら、遠慮なく言ってください」

**せっかく労力をかけて行ったのだ。**
**その労力を最大限に見せるアピールをすることが大切なのである。**

こういうアピールを「策略」として行えば、保護者の信頼は勝ち取れる。

# 「冤罪」は保護者を「敵」に回す

初期対応の大切さを述べてきた。


初期対応のポイントは、素早い対応。

そして、相手が思うより一段上の対応である。


このポイントを意識するだけで、初期対応に失敗することはない。初期対応が上手くいけば、後が楽。問題がこじれて、長引くことはない。

しかし、「素早い対応」といっても、早ければいいという訳ではない。

たとえば、次のような若手の失敗だ。

ある日の放課後、女の子とその保護者が担任を訪ねてやって来た。お母さんは、かなりお怒りの様子だ。

女の子の話によると、休み時間、男の子にケガをさせられたらしい。そのため、病院に行って来たのだそうだ。

1、2時間目の間の休み時間の出来事である。1、2時間目は、理科。専科の時間だ。そこで、この若手教師は、理科専科の中堅教師と2人でお母さんと女の子から事情を聞くことにした。

複数対応なので、安心したのかも知れない。生徒指導担当の私のところにも、管理職にも連絡はなかった。

若手教師と中堅教師の2人で話を聞くと、カーテンにくるまって遊んでいたGくんが女の子の手を引っ張って、倒したらしい。

女の子はケガをしている。しかも、病院にまで行っている。さらに、母親はお怒りだ。問題を重く見た若手教師と中堅教師の2人は、すぐにGくんを家庭訪問した。そして、Gくんから事情を聞いた。

しかし、Gくんは、全く知らないと言う。Gくんのお母さんも正直に言うように促してくださった。それでも、Gくんはシラを切り続けた。

仕方ないので、若手教師と中堅教師の２人はあきらめて帰って来た。女の子の保護者には、一応、

「家庭訪問してGくんから話を聞いたんですが、事実が分かりませんでした。また、明日、他の子からも様子を聞いてみます」

と電話したようだ。

次の日、クラスの子から事情を聞いた。すると、カーテンにくるまっていたのは、Hくんだ。Gくんではない。もちろん、女の子を引っ張ったのも、Hくんである。

若手教師と中堅教師はHくんの家に行き、事実を伝えた。そして、Hくんのお母さんから、女の子の家に謝罪の電話を入れてもらった。

この日の放課後、Gくんの保護者から管理職に電話が入った。当然、お怒りの電話である。

「うちの子は何もしていないのに、犯人扱いされた」

当然の苦情である。

若手教師と中堅教師はどうするべきだったのか？

ケガをした女の子から事情を聞いた後、次のように説明するべきだ。

「ケガをさせてしまって、大変申し訳ありませんでした。きちんと事実を確認してから対応したいので、1日お時間をください。明日、Gくんと周りの子から事情を聞いて、事実を確認します。事実が確認できたら、大きな問題ですので、Gくんのお家に家庭訪問して、保護者に伝えます。そして、当然、謝罪をしてもらいます。ケガをさせてしまい、本当に申し訳ありませんでした」

丁寧にお断りしているが、大原則は、こういうことだ。

**一方の言い分だけを聞いて、事実を判断しない。**
**両方の言い分を聞いて、事実を判断する。**

早ければいいという訳ではないのである。また、

**言い分が食い違うようなら、周りから情報を集めて、事実を確認する。**
**対応するのは、事実を確認してから。**

ということも大切だ。事実が分からないまま対応するのは、非常に危ない行為なのである。

さらに、何よりも、

**もっと大原則は、すぐに周りに相談すること**

である。学年主任や生徒指導担当、管理職に相談していれば、こんな初歩的なミスをすることはない。

若手、いや、この場合は、中堅もだ。経験の少ない教師が自分の判断で動くことは、大変危険である。もちろん、私のようなベテラン教師もそうだ。私は自分の判断では動かない。自分の判断だけで動いて、失敗することが怖いからだ。経験の多い私は、何よりもこのことを知っている。

**若手だろうが、ベテランだろうが、一人で判断することは危険である。**

このことを肝に銘じて、まずは、とにかく周りに相談しよう。相談するなんて、地味な「策略」が己の身を守るのである。

# たとえ警察案件でも一方の意見だけを信じるな

若手の失敗を書いた。しかし、この「冤罪」、私にも苦い失敗がある。

ある学校に勤務していた時、ある男の子の担任をしていた。その男の子が年上の女の子と2人で交番に相談に行ったのだ。

「田村くん（仮名）兄弟が自分たちの家に石を投げに来て、困っている」

こんな相談に、警察の方は、「次、石を投げて来たら、すぐに110番通報しなさい」と答えたそうだ。校区にある交番である。すぐに、学校にも、「学校でも事情を聞いてあげてください」と連絡があった。

この2人は、交番に行った後、中学校にも相談しに行った。田村兄弟の兄は、中学生。兄が石を投げることがほとんどだったからだ。そのため、小学校には相談に来ていない。

相談を受けた生徒指導担当からも連絡が入った。そこで、小学校、中学校が連携してこの問題に当たることになった。

小中学校の生徒指導主任、相談に行った2人の担任、田村兄弟の担任、6人の教師で会議をもった。そして、まずは6人で2人の話を聞くことにした。

「田村くん兄弟が私たちの家にしょっちゅう石を投げに来て困る」

詳しく聞いてみたが、2人の話のつじつまは合っている。何より警察にまで相談に行っているのだ。我々6人は2人の話を事実だと受け止めた。

石を投げるのは大変危険な行為である。下手をすると、大ケガをする。いや、死んでしまうかも知れない。そこで、田村兄弟には、厳しく指導することにした。

兄は中学校の生徒指導主任と担任が厳しく指導した。本人は否定したそうだが、かなり厳しく指導したようだ。

弟は小学校の生徒指導主任と担任が厳しく指導した。本人は否定したが、「そういえば、去年1回投げたことがある」と認めた。そこで、「石投げは危険な行為だから、絶対にしてはダメ」と強く指導したようだ。本人も泣きながら謝罪し、反省した。

中学校も小学校も生徒指導主任と担任が田村家を家庭訪問した。そして、石投げの事実、石投げは大変危険なので学校でも厳しく指導したこと、家庭でも絶対にしないように言い聞かせて欲しいことを母親に伝えた。

ここで田村兄弟のお父ちゃんの登場である。まずは、中学校に出向いた。

「うちの子はやっていないと言っているのに、なぜ、厳しく指導されないといけないのか」

大変お怒りの様子だったようだ。対応が終わって、すぐに小学校に連絡が入った。お父ちゃんが次は小学校に向かっていると言うのだ。

担任の若い女性教師はビビりまくっている。泣いてさえいた。確かにこのお父ちゃんは迫力がある。何度か学校に怒鳴り込んできて、この女性教師を恫喝したこともある。

そこで、この女性教師と生徒指導主任に加えて、私も参加することにした。実は私は、田村兄弟の兄を担任したことがある。お父ちゃんとの関係も良かったからだ。

話を聞いてみると、田村弟も過去に1度石投げをしたことがあるだけで、ここ1年以上やっていないと言っているそうだ。

私は「負け」を覚悟した。謝罪して、私は雑談を仕向けた。なんとか会話は弾み、なんとかお父ちゃんも上機嫌で帰ってくれた。

しかし、かかった時間は2時間以上。気もつかっていたので、終わった時にはドッと疲れが押し寄せた。3人ともぐったりだった。

この話、前の項で書いた次の原則を無視している。

**一方の言い分だけを聞いて、事実を判断しない。**
**両方の言い分を聞いて、事実を判断する。**
**言い分が食い違うようなら、周りから情報を集めて、事実を確認する。**
**対応するのは、事実を確認してから。**

私を含め6人もの教師がいた、もちろん、管理職にも相談した。それなのに、大失態である。お父ちゃんが怒るのも無理はない。

なぜ、こんな凡ミスをしてしまったのか、ふり返ってみる。

やはり、警察に行ったという事実が我々の判断を狂わせたのだろう。

「警察にまで相談しているのだ。ウソのはずがない」

そんな思いが6人に、そして管理職にあったのは間違いない。

「1回、私の妹の頭に石が当たって大ケガをした」

こんな話も聞いていた。それなら、女の子の保護者に事実を確認すればよかった。後で聞いてみると、女の子の保護者は、「大ケガ」にも関わらず、石投げの事実を知らなかった。

この後、何度か2人から話を聞いた。しかし、2人の語る事実は大筋では変わらなかった。もちろん、「妹の頭に石が当たって大ケガしたのに、お母さん、知らなかったけど。おかしくない?」などと、追及はした。しかし、のらりくらりとかわされてしまう。結局事実はうやむやなままになってしまった。

この2人の保護者も問題のある方だ。これ以上追及して、キレられても困る。そこで、我々は追及をあきらめた。そして、「次、石を投げられたら、警察の方に言われたように、すぐに110番通報するんだよ」とだけ言っておいた。しかし、この後、石投げで110番通報されることはなかった。

**警察に行っても、一方の意見だけで信じるな。**

私の胸に深く刻まれた教訓である。

# 子どもでも性的な問題は一大事、侮るなかれ

小学校3年生を担任していた時の話である。

女の子が男の子のズボンを下ろすという事件が起こった。しかも、

「○○のパンツは、赤色だった」

と言いふらす始末である。

子どもたちは、遊び半分。そんなに悪いことをしたとは、思っていない。被害者の子も、そこまで落ち込んだ様子はなかった。

この事件、アナタなら、どう対応するだろうか？

子どものたわいもない遊びだと言えば、そうである。笑いで済ませてしまうことさえできそうだ。

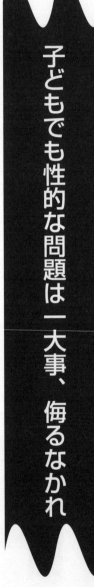

しかし、私はこの事件を重く扱った。

## 性的な事件は、大問題に発展しかねない

からだ。

以前勤務していた学校で、ズボン下ろしが大問題になった時があった。ズボンを下ろされた子自身は、大したことだとは思っていない。謝罪も済んで、子ども同士の中では、この問題は解決済みである。

しかし、父親が怒った。怒って、学校に怒鳴り込んで来た。外国籍の方だった。しかも、警察に訴えると言う。

結局、被害届を出されることはなかった。しかし、父親の怒りを解くのが大変だった。

こういう経験があるので、私は性が絡む事件には、丁寧に対応することにしている。

まずは、女の子を説教部屋に呼んで、厳しく指導した。「絶対に許されないことだ」と泣くまで叱った。

次に、クラス全体に対しても、この事件について話した。そして、こういう性に関することは、絶対に許されないと伝えた。また、君たちはよくても、お父さん、お母さんが許

してくださらなければ、訴えられる可能性があると力説した。

さらに、被害者の子と一緒に帰る。保護者に事実を伝え、謝罪するためだ。

## 性的な事件は、被害者の保護者の怒りをおさめることを最優先に動いた方がいい。

とにかくひたすら、担任の責任を謝罪した。また、子どもたちに厳しく指導したこと、加害者の保護者にもこの件は伝えることを話した。

そして、その足で加害者の家に行った。保護者に事実を伝え、謝罪する。何度も書いているが、クラスで起こったことは、全て担任の責任。この子を加害者にしてしまったのは、担任の「せい」なのだ。

説明の中で、性的な問題は大問題になる可能性があることを理解してもらう。そして、謝罪に行ってもらうように仕向ける。

この事件は、加害者の保護者の丁寧な謝罪もあって、大きな問題にならずに済んだ。

性的な問題は、大問題にしないために、よりいっそう素早い誠実な対応が求められる。

被害者の怒りを解くことを最優先に「策略」を巡らせよう。

# クレームが嬉しくなれば、ブラック一流



最近、ずっと生徒指導主任を担当している。私も、歳を取ったということだろう。自分のクラスだけをなんとかすればいいという時代は、とうの昔の昔に終わってしまった。まあ、もちろん、自分のクラスづくりも全力でやるけどね。そうでなければ、クラスは成り立たない。

生徒指導担当として、数々のクレームに対応してきた。若手と一緒に保護者に謝罪に出向くことも多い。

誰だって謝るのは嫌だろう……と思っていたら、私は嫌じゃなかった。むしろ、楽しい。

保護者からクレームが来たとする。もちろん、担任だけに対応させることもある。

というか、いきなり生徒指導主任が出るのはよくない。担任だけで問題が解決するなら、それがベスト。カードはできるだけ取っておいた方がいい。

少し問題が大きければ、担任と学年主任が対応する。私の登場は、その次だ。ちなみに、私でおさまらなければ、教頭の出番である。

当たり前すぎだが、

**危機レベルに合わせて、組織として対応することが必要である。**

ということで、私の登場は、それなりに危機レベルが高い。かなりお怒りの保護者を相手にすることになる。

しかし、これが、楽しい。楽しくて仕方がない。

「じゃあ、この問題は、担任だけでなく、中村先生も一緒に対応してもらえますか?」

こう管理職からお声がかかれば、

「待ってました!」

と叫びたくなる。

私は担任と一緒に喜々として対応に当たる。もちろん、神妙な顔をして謝罪する。でも、心の中はニコニコだ。

しかも、敵は手強ければ手強いだけやる気になる。簡単に解決する問題など、つまらない。やはり難しい問題の方が解決できた時の喜びは大きくなる。

また、若手に、

「中村先生のお陰で大事にならずに済みました。ありがとうございました」

と言われると、さらに嬉しくなる。頼りにされている気がするし、何よりも若手を窮地から救ってあげられたことが嬉しい。

上手く相手の怒りをおさめることができた時は、釣りに行って、大物を仕留めた時の快感に似ている（と言っても、私は釣りをやらないが）。


保護者のクレームは、嫌なものだろう。しかし、私のようにクレーム対応を楽しんでは、どうだろうか? そうすれば、保護者対応も気が楽になる。

クレーム対応はゲーム感覚で取り組むという心理的な「策略」をオススメする。

# 相手に報告のひと手間を押し付ければ楽できる



『ブラック学級づくり』に「私は定時（勤務時間終了の16時40分）に仕事を終えて帰ることを原則にしている」と書いた。

しかし、私は生徒指導主任という立場がある。生徒指導上のトラブルがあった時には、嫌がらずに遅くまで残って仕事をする。

同僚にも、次のように宣言している。

「中村は、定時で帰ります。でも、生徒指導上のトラブルがあったら、遠慮なく言ってください。生徒指導は、初期対応が全てです。後でもっと面倒くさいことにならないように、遅くまで残ってでも、誠実に対応します」

そして、この宣言通り、トラブルがあった時には、嫌がらずに遅くまで残って対応している。

「嫌がらずに」とは書いたが、「嫌」なのは、正直なところ。できるだけ早く解決して、早く帰りたいものである。

早く帰るためには、「策略」が必要だ。もちろん、早く帰ることを最優先する訳ではない。誠実な対応が必要だ。誠実に対応しなければ、問題は解決せず、長引いてしまう。


**まずは、素早い誠実な対応で、問題の早期決着を図る。その上で、どうすれば、早く手を切れるか？「策略」を巡らせる必要があるのだ。**


たとえば、ある日の夕方のことである。

「娘が『不審者がいた』と言って、帰って来たんですけど」

生徒指導担当の私の所に電話がかかってきた。そこで私は、次のように言った。

「では、すぐに110番通報してください。警察が動いてくれます。心配していますので、110番通報が終わったら、私に電話してください。よろしくお願いします」

この対応、どこがポイントか？お分かりだろうか。

正解は、「110番通報が終わったら、私に電話してください」のところ。

この言葉がなかったら、どうだろう? 110番通報して、警察がどう反応したか? 担当としては気になるところだ。だから、もう一度、この保護者に電話しないといけない。しかし、その電話も上手くつながるかどうか分からない。何より、いつ110番通報が終わったのかも分からない。すると、結局、いつまでもこの件から手を引けないことになってしまう。

しかし、「110番通報が終わったら、私に電話してください」とお願いしておけば、必ず電話がかかってくる。そして、様子が聞ける。それを受けて対応すれば、この件は一件落着。最短時間で手を切ることができるのだ。

**このように、一件落着のゴールを見た上で、対応するのがプロである。**

たとえば、ケガをさせた子の親に、謝罪の電話をしてもらうことがよくある。

ちなみに言うと、最近の保護者は、謝罪の電話を自分からするとは言ってくださらない。

そこまで気が回らないのだろう。しかし、

**謝罪があった方が、事が大きくならなくて済む。**
**教師は「策略」として、保護者に謝罪の電話をお願いすることも必要だ。**

謝罪の電話をお願いしたら、次のように言う。

「○○さんへの電話が終わったら、私の方に電話してください。心配していますので、よろしくお願いいたします」

すると、謝罪が終わった後、すぐに電話がかかってくる。そうすれば、謝罪の電話の様子が分かる。たいていの場合、謝罪の電話さえしておけば、大事にならなくて済む。

「○○さんが、『わざわざ丁寧にお電話ありがとうございました』って言って、許してくださいました」

こんな報告が多い。こんな報告を聞けば、ホッとする。そして、一件落着。この件から手を切れる。そうすれば、そんなに遅くまで残らなくて済む。

プロ教師は、最短時間で手を切っていく「策略」を身につけているのである。

# 謝らない親を諭すより、代わりに謝ってしまえばおさまる

モンスターペアレントが増えている。

**モンスターペアレントへの対応は、当然、手厚いものにしなければならない。敵に回してしまっては、大変だ。**

他の保護者以上に、より丁寧に。より誠実に。どの保護者にも平等になんて、幻想にすぎない。

たとえば、モンペの子と他の子がケンカをしたとしよう。私はモンペの子寄りの立場で対応してしまう。両方が同じぐらい悪い場合なら、モンペではないもう一方の保護者に謝罪をお願いする時もある。

申し訳ない話だが、これが現実だ。厳しい現場で、モンペを敵に回すと命取りになってしまう。私も生き残るために必死なのだ。

しかし、時に、非常に困った事態が生じてしまうことがある。モンペVSモンペの対決だ。これは、困る。本当に困る。

ある年、私のクラスの男の子が年上の男の子を殴るという事件を起こした。お互いに殴り合ってはいる。しかし、一方的にボコボコにしている。先に手を出したのも、私のクラスの子だ。

当然、年上の男の子の保護者が怒鳴り込んで来た。この保護者は有名なモンペ。ものすごい剣幕だ。

その子の担任は、その時初めて事実を知った。そして、明日2人から事情を聞いて、本人に謝罪させることを約束した。また、加害者の家にも事実を伝えることを約束した。

次の日、私と被害者の担任で2人から事情を聞いた。やはり、一方的にボコボコにしたのは事実だった。そこで、謝罪させた。これで、子ども同士は一件落着である。

次は、保護者への対応だ。私が加害者宅へ家庭訪問した。そして、事実と指導したことを伝えた。

普通なら、保護者同士の謝罪があって当然の話である。菓子折りを持って、謝りに行ってもらうぐらいの話だ。

しかし、この保護者の言い分は、

「年下にケガをさせたのなら謝るけど、年上は違う。お互いに殴り合って、ケガをしたんだから、弱い年上の子が悪い」

というもの。とても謝罪は期待できそうにない。

しかも、この加害者の保護者も有名なモンぺだ。謝罪を強く強要して、怒りの矛先が私に向かってても困る。

アナタなら、こういう場合、どうするだろうか？

放っておいて、親同士の話にしてしまう策もある。学校が関せず、保護者に任せてしまうのも一手なのだ。

何にでも学校が首を突っ込めばいいという話ではない。
放っておくのも立派な対応の1つである。

しかし、平和主義の私は考えた。できれば、保護者同士の対立は避けたい。ましてや、モンペ同士の対立は避けたい。その影響がどう学校に降りかかってくるかも分からない。穏便が一番だ。

そこで、私は、担任が謝るという「策略」を使った。

被害者の家に私と担任で家庭訪問した。そして、

「うちのクラスの○○がお子さんにケガをさせて大変申し訳ありませんでした。おケガの具合はいかがでしょうか？」

と母親に深々と頭を下げた。また、被害者の子を呼んでもらい、

「先生のクラスの○○が君にケガをさせてしまって、ごめんね。もう一度厳しく指導するし、二度とないようにするからね。許してね」

と謝った。

これで何とか許してもらうことができた。

## どうしても親の謝罪が望めない時は、加害者の担任が謝ってしまう。

こんな「策略」も知っておくと、いざという時、役に立つ。

# 現場に走って顔を見せておけば、信頼は勝ち取れる

「子どもが横断歩道を赤信号で渡って危なかったんですけど」

「川で遊んでいる子がいて、危ないんですけど」

地域の方から、こんな電話をいただくことが多い。

正直、うっとうしいと思うこともある。見たのなら、その場で注意してくれたらいいじゃんと思うこともある。

しかし、そんな思いを悟られてはダメだ。

では、そんな時、私はどうするか?

まずは、お名前をお聞きする。そして、教えていただければ、その方のお家に出向き、詳しいお話をお聞きする。そして、現場に行って、状況を確認する。できれば、その方と

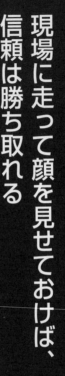

2人で一緒に現場に行って、お話をお聞きするのがベストである。

うっとうしいという思いとは裏腹に、私は丁寧に対応する。それは、

**「学校は何もしてくれない」なんて思わせてはダメ。**
**「学校が何とかしてくれる」という期待を持たせることが大切だからだ。**

こういう対応をしていれば、地域の方も安心される。フットワークを軽くして、地域の方の信頼を勝ち得るのだ。

電話だけで話を聞き、1人で現場に行く場合がある。その時は、後で現場に行ったことを電話で報告する。

「お電話ありがとうございました。現場に行ってみましたが、確かに大変危険ですね。学校でも全体に横断歩道を赤信号で絶対に渡らないように厳しく指導します。また、個人が特定できれば、個別にも厳しく指導します。本当にありがとうございました。また、何かあればご連絡ください」

こんな風に報告すれば、すぐに動いたことが地域の方に伝わる。

お名前や電話番号を教えていただけない場合もある。そんな時は、電話ですぐに現場に

出向くことをアピールしておく。

「お電話ありがとうございました。では、現場に行ってみます。その様子を見て、明日厳しく指導しておきます。本当にありがとうございました」

とにかく私は、

**何よりも現場まで出向いたことをアピールする**

ことを大切にしている。

それは、61ページでも書いたように、

**せっかく労力をかけて行ったのだ。**

**その労力を最大限に見せるアピールをすることが大切なのである。**


ということを意識しているからだ。

こういうアピールを「策略」として行えば、地域の方の信頼を勝ち取れる。

# 学校が低姿勢の時代は終わった

ずっと公言しているように、中村は夏休みが、好き。だ〜い好き。

しかし、夏休みの中で、唯一嫌いなことがある。それは、日直。

夏休みには、日直が2〜3回、回ってくる。日直になった日は、一日中事務室にいないといけない。そして、電話やお客さんの対応をしないといけない。

このプチ拘束、プチ監禁状態が、本当に苦手。私は、ジッと座っているのがダメなのだ。

1万円ぐらいで日直を代わってもらえるなら、喜んで出す。日給1万円で日直を代わっていただける方は、お電話を……って、部外者に頼むのは、無理か。

同僚に1万円で頼むのもなあ。お金を払ってって、なんかやらしいし。

ということで、今年も結局、我慢して当番勤務をした。

しかし、驚くべき成果があった。それは、福田ますみ氏の『でっちあげ　福岡「殺人教師」事件の真相』（新潮文庫）を読み直したことだ。

私は、小説が苦手。ノンフィクションの本を好んで読む。ノンフィクションの中でも、この本は、最高だ。何より福田氏は、教師の側に立って書いてくださっている。

ちなみに、彼女の『モンスターマザー：長野・丸子実業「いじめ自殺事件」教師たちの闘い』（新潮社）も、最高だ。これも、教師の側に立って書いてくださっている。

彼女の本を読み直す度に、思う。

**他のマスコミも、もう少しでいいから我々教師サイドに立って報道して欲しい。**
**いや、せめて、中立の立場で報道して欲しい。**

現実は、教師は「権力者」で、子どもは「被害者」。教師は「悪」で、子どもは「善」。こんな単純な構図で報道されることが多い。

しかし、現場で起こっている事件は、もっと複雑である。

『でっちあげ』は、10万部以上の売り上げだそうだ。それなのに教師で読んだという人の話を聞いたことがない。これからの教師はぜひ、読むべき1冊だと思う。
ここまで『ブラック生徒指導』で述べてきた私の「策略」のベースは、次のようなものだ。

保護者と教師は対等ではない。
教師の方が何事でも一歩下がって対応しないといけない。

また、次のようなことも言っている。

学校で起こったことは全て学校の責任。
その責任をきちんと謝罪しておけば、大きな問題にならない。

これらの発想は、『でっちあげ』に出てくる校長や、市教委の対応に似ている。
学校がとにかく低姿勢に出て、何とか保護者に怒りをおさめてもらおうという対応だ。
しかし、『でっちあげ』では、最初下手に出て、保護者の主張（教師の体罰、いじめ）

を認めてしまったことが最後まで響く。

一度「事実」と認めてしまったら、それを覆すことは非常に困難なのだ。

『でっちあげ』が取り扱っている「福岡『殺人教師』事件」は、新聞や雑誌、テレビなどで大きく報じられた。大きく報じられたということは、ニュース性のある稀なケースということだ。

しかし、『でっちあげ』に登場する原告の夫婦には、見覚えがある。どの学校にも、1組や2組はいそうである。

第2、第3の『でっちあげ』が起こってしまったら……。それがニュースにもならない日常的な出来事になってしまったら……。そう考えると、本当に怖い。となると、

学校がとりあえず責任を認めて謝ってしまえ。保護者の怒りを解くことを最優先に考えよ。こんな「策略」を見直す時代が来ているのかも知れない。

読者にも『でっちあげ』を読んで考えて欲しい。

# 第3章

# 「指導」術
## 子どもに二度と問題を起こさせない

# イチャモンをつけてから、指導せよ

問題を起こした子を説教部屋に呼び出すことがある。生徒指導主任の私の登板なのだから、それなりの大問題だ。厳しい指導をして、しっかり反省してもらわないと困る。二度としないようにしてもらわないと困る。

そんな時、私が必ず最初にしていることがある。それは、

**とりあえず、イチャモンをつける**

ということだ。

叱られに来た子の服装が乱れていれば、まずは、イチャモンをつけるチャンス。

「きちんとシャツを入れろ！良いことで呼び出された訳じゃない！」

厳しい口調で言う。子どもたちは、真面目な表情になって、シャツを入れる。服装が乱れていなければ、姿勢にイチャモンをつける。

「きちんと『気をつけ』をしろ！良いことで呼び出された訳じゃないだろう」

いずれにせよ、私はすぐに本題には入らない。こんな風に本題とは関係ないイチャモンをつけてから、本題に入る。

最近は空気が読めない子が多い。悪いことをして呼び出されても、へらへらしている。悪いことをしたという自覚がない。

だから、まずは、自覚を持たせることが必要になる。叱られる姿勢をつくると言ってもいい。そのためには、こういうイチャモンをつけて、先制攻撃をしておくことが大切なのだ。「なんか、ヤバイ」と思わせることが大切なのだ。

そして、「気をつけ」をさせたまま。私はゆっくりとメモをするノートを開く。時間をかけて、ゆっくりと開く。こんな沈黙の時間をつくるのも「策略」だ。

**沈黙の時間で、子どもたちに「これから、どんな指導が行われるんだろう?」と、恐怖心を持たせるのだ。**

この沈黙の時間が、ピシッとした空気をつくってくれる。そして、子どもたちに叱られる姿勢をつくってくれる。

もし、この時間の間に「気をつけ」が崩れようものなら、さらにピシッとさせるチャンスである。

「もう姿勢が崩れた！そんな態度で反省できる訳ないだろう。『気をつけ』をしろ！」

この言葉に、子どもたちは全力で「気をつけ」をする。これで、やっと本題に入る雰囲気が出来上がるのだ。

雰囲気が出来上がったところで、

「クラスは？」「名前は？」「何でここに呼ばれた？」

と聞き、やっと私は本題に入っていく。

若手教師たちにも、

**まずは、イチャモンをつける。本題の指導は、その後で。**

という、最初に厳しい雰囲気をつくる「策略」をオススメする。

# 存在だけで恐ろしい「説教部屋」をつくれ

みなさんは警察署に連れて行かれたことがあるだろうか？
私は経験がない（ことにしておく）。ということで、ここからは、親友に聞いた話。
取り調べで警察署に連れて行かれると、小さな部屋に入れられる。部屋には小さな机だけ。その机を挟んで、刑事さんと向かい合って座る。被疑者（または、参考人）は、奥側。刑事さんが手前のドア側である。
狭い部屋だからなのか、刑事さんとの距離が近いからなのか、なんだか怖い。

**この部屋に入れられただけで、自分は悪いことをしたんだという気分になる。**
**正直に話さないとマズイことになるぞという気分になる。**

あっ、念のためくり返しておくけど、聞いた話ね。

私は、学校にも、こういう部屋が必要だと思っている。「この部屋に呼ばれると、マズイ」と子どもたちが思う、そんな部屋が必要なのだ。

しかし、私が勤務してきた小学校には、生徒指導室のような部屋がなかった。

そこで、生徒指導主任になった時には、呼び出す部屋を決めておいた。ＰＴＡ室、第二理科室、郷土資料室などなど。学校によって、場所は違う。しかし、

**生徒指導上の問題で子どもたちを呼び出す時には、必ず、決めた部屋に呼ぶのだ。**


すると、その部屋は子どもたちの間で「説教部屋」と呼ばれるようになる。教職員の間でも「説教部屋」と呼ばれるようになる。

「説教部屋」に呼び出されるのだ。子どもたちは、それだけで叱られる構えができる。

もちろん、「説教部屋」で話が終わらなければ、次は、職員室だ。そのためにも、職員室は、怖い先生たちがいる怖い場所であって欲しい。

さらに、職員室で話が終わらなければ、校長室だ。校長室で校長先生に叱られるなんて、

よほど悪いことだ。子どもたちが、そう思うように、校長室は高貴で権威を持った場所であって欲しい。

しかし、ある年は違った。教室でジッとしていられない男の子がいた。その子は教室を飛び出すと、校長室に向かうようになったのだ。

人のよい校長だった。その子の面倒をよく見てくれていた。また、校長室に入れておけば、どこに行ったか心配で探し回るなんてこともなくなる。校長はそう考えたのだろう。

徘徊児童の多い学校だった。気がつけば、校長室にはいつも数名の問題児が集まっていた。校長室が問題児たちのパラダイスになってしまっていたのだ。

こうなることが分かっていたので、私は最初から反対した。

このような状態になってしまうと、校長室が怖くなくなる。校長も怖くなくなる。

全国の校長先生にお願いする。

校長室は、子どもたちにとって敷居の高い場所であれ。
そして、校長先生は、威厳のある子どもたちにとって一番怖い大人であれ。

子どもたちに怖い場所がない、怖い存在がいない学校は危ういのだ。

# 叱る時は、怒りのオーラをまとえ

初代『ブラック学級づくり』の「はじめに」に次のように書いた。

「思い返してみると、この10年ぐらい学校で腹が立ったことがない」

これ、5年経った今も変わらない。生徒指導主任としても変わらない。

子どもたちの悪さなど、私の想定の範囲内だ。

ましてや生徒指導主任として指導する子なんて、所詮、他のクラスの子。自分のクラスの子の悪さですら、腹が立たないのだ。他のクラスの子のしたことで、腹が立つ訳などない。

しかし、腹が立たないから、困ることがある。説教をする時にテンションが上がらないのだ。

時には険しい表情で、厳しく叱責する必要がある。

そんな時、腹が立っていれば楽だ。自然と怒りの表情になるし、自然と迫力を持って叱ることができる。

それなのに、テンションが上がらない。


仕方ないので、私は1人テンションを上げながら説教部屋に向かう。教室を出てから説教部屋に着くまで、「腹を立てろ！腹を立てろ！」と自分に言い聞かせる。


表情も引き締めて、怒りのオーラを出すようにする。

説教部屋に向かう途中で子どもたちや同僚に話しかけられても、

「すみません。今から子どもたちを指導しに行くんで、後にしてください」

と怒りが消えないように言う。

というか、私の怒りのオーラを感じてか、話しかけられることはほとんどない。

説教部屋に入れば、怒りを持続したまま、イスに座って腕と足を組んで子どもを待つ。

子どもが先に来ている場合は、厳しい目線で子どもを見つめながらイスに座る。ゆっくりと座る。

## こうやって怒りのテンションを維持して、やっと厳しい指導が成り立つ。

サッカー界のレジェンド・カズが次のようなことを言っていた。10年以上前に聞いたコメントだ。定かではないが、テレビのサッカー専門番組のインタビューだったと思う。

「若い頃は、サッカーの試合が始まるだけで、自然にテンションが上がっていた。しかし、歳を取ると、試合が始まっただけではテンションが上がらない。だから、試合前に自分でテンションを上げる作業が必要になる」

やはり、テンションが上がらないと、良いプレーはできないのだろう。妙に納得したのを覚えている。

私もカズと同じように歳を取ってしまった。以前は授業が始まって子どもたちの前に立てば、それだけでテンションが上がった。しかし、歳を取った私は、それだけではテンションが上がらない。だから、意識的にテンションを上げて、授業に臨んでいる。

子どもたちへの厳しい指導も同じだ。テンションが上がらないと、良い指導はできない。良い演技もできない。歳を取った教師にはテンションを上げる作業が必要だということだ。

# うるさい保護者の子は叱ってまで成長させる必要なし

問題を起こした子どもを説教部屋に呼び出す。

テンションを上げた私は、イチャモンをつけ、子どもをピシッとした態度に変える。

ゆっくりとメモを取るノートを開き、厳しい雰囲気を演出する。

そして、静かに、しかし厳しい声で、「クラスは?」「名前は?」と聞いていく。

ここまで第3章を読んで、私の生徒指導主任としての指導のイメージがつかめただろうか?

しかし、別のパターンもあることを告白しておく。

説教部屋にやって来た子に、

「せっかくの昼休みに、来てもらって、ごめんね。少し話を聞かせてね」

こう優しく話しかける。

「じゃあ、そこに座ってね」

イスに座らせさえする。これ、普通のパターンなら、絶対に許さない。私が説教部屋に到着した時、子どもがイスに座ってでもいようものなら、

「なんで、イスに座っているの？　良いことで呼ばれたの？　良いことで呼ばれたなら、いくらでも座らせてあげる。でも、悪いことで呼ばれたんでしょ。ちゃんと『気をつけ』をして立ちなさい」

別パターンに合わせて、丁寧に書いてしまった。しかし、実際は、もっと雑。もっと乱暴な言葉で立たせる。

こんな私が、別パターンでは、「じゃあ、そこに座ってね」と優しく言って、イスに座らせる。この違いは、なんだろう？

実は、説教部屋に行く前、私が担任に必ず確認しておくことがある。それは、

## 今から指導する子の保護者がうるさい保護者かどうか？

ということである。
逆に、子どもの情報はほとんど聞かない。どんな子でも、悪いことは悪いと毅然とした態度で指導する。
しかし、保護者は別だ。うるさい保護者の子に厳しく指導して、トラブルになっても困る。これからの教師は、

**一番のお客さんは、子どもではない。保護者である。**

ということを理解した方がいい。その上で、子どもの背後にいる保護者の存在を常に意識して対応することが必要なのだ。

**保護者とトラブルを起こしてまで、厳しい指導をする必要はない。**
**保護者とトラブルを起こしてまで、その子が問題行動を二度としないようにする必要もない。**

ブラックな私は、そう考えている。保護者とトラブルを起こす可能性があるような無理ながんばりを教師はするべきではない。

# ムダなので理由は聞かない

「なんでこんなことしたんだ?」

問題行動を起こした子に、理由を追及する教師がいる。

たとえば、万引きした子に対して理由を聞く。その子は、なかなか上手く答えることができない。

「自分がしたことの理由も分からないのか?」

教師はイライラしてくる。だから、子どもは適当に理由をつくる。

「どうしても、カードが欲しかったから」「スリルを味わいたかったから」

「友達がお菓子を食べているのがうらやましかったから」

などなど。今思えばそうだったかも、みたいな理由である。一生懸命に心当たりを探し

た適当な理由である。それなのに、

**私には、理由を聞く意味が分からない。どんな理由であれ、ダメなことはダメなのだ。**

**厳しく指導すべきは理由ではない。間違った行動である。**


それとも、正当な理由なら、問題行動も許してあげようというのか？　そんなことはあるまい。たとえば、どんな理由であれ、万引きが許されることはない。

また、子どもたちは、理由があって問題を起こすことはほとんどない。

「なんとなく思いつきで……」

こんな理由がほとんどだ。考え足らずだから、問題を起こすのだ。しかし、こんな正直な理由は教師に話さない。そんなことを言えば、また叱られるのは明らかだからだ。

それなのに教師が理由を聞くから、適当な理由を話すようになる。

しかも正当な理由を言ったところで、どうせ叱られる。

「どんな理由であれ、そんなことしちゃダメだろう」

そういう結論になるのは、目に見えている。

だから、私は、理由は聞かない。やった行動を確認する。そして、自分のやった行動が良かったのかどうかだけを確認していく。

「理由を聞かない」という点は、警察とは違う。警察は動機を調べる。動機が罪の重さに関わってくるからだ。

たとえば、アナタが日本刀の模擬刀を町中に持ち出したとしよう。そして、模擬刀を振り回したとしよう。

これ、パフォーマンスだとしたら、許される可能性がある。もちろん、悪ふざけが過ぎると厳しく注意はされるだろう。それでも、不起訴になる可能性が残る。

しかし、殺傷目的だとしたら、間違いなく捕まる。「2、3人叩き切ってやる」と言っていたなんて証言があれば、間違いなく起訴される。

だから、警察は、動機を調べるのだ。しかし、

**我々教師は警察ではない。罪の重さを決める必要はない。本人が自分のしたことを反省すればいいのだ。そして、同じ失敗を二度とくり返さなければいいのだ。**

警察から学べる所は学ぼう。しかし、学校は警察ではないことも理解した方がいい。

# 不登校の理由はさらに聞いてなどやらない

前ページまでの「理由は聞かない」を書いていて、思い出したことがある。不登校の子のことである。

もちろん不登校の子の話を親身になって聞いてあげることは大切だ。

そして、その子が学校に行きにくい要因があるのなら、その障害を1つでも取り除いて安心させ、学校に行きやすくしてあげる必要はある。

しかし、鵜呑みにするのはよくない。ここでも、

**一方の話だけを聞いて判断しない**

という大原則は当てはまるのだ。

不登校の子に親は聞くものだ。

「なんで学校に行かないの？」

と。そして、聞いている内に、子どもたちは理由を探す。見つからなければ、学校に行けない理由を適当につくってでも親を納得させようとする。そして、それが真実だと言い張る。いや、言い張っている内に、自分の中では真実として認識され始める。

時には、「いじめ」があるとさえ言い張る。いや、思い込み始める。

親もそれを事実として思い込み始めたら最悪だ。だから、教師は、様々な情報を集め、事実を確認する必要がある。

もちろん、「いじめ」が事実であれば、解決しなければならない。そして、その不登校の子が学校に行けるようにしなければならない。

しかし、そうでない場合が多い。学校に行かない言い訳として、親に言っているケースが多いのだ。

だから、教師は、事実をきちんと把握した上で対応しなければならない。

教師が鵜呑みにして、「いじめ」をしているとされた子に厳しい指導をしたとしよう。「いじめ」をしているとされた子は、面白くない。親にそのことを話すだろう。それを聞いた保護者も、もちろん、面白くない。そして、担任に不信感を持つ。

不登校の子の言い分だけを聞いて対応することは、他の子、他の保護者の不信を招く可能性がある。

このことを担任は理解しておいた方がいい。

私の周りでは、不登校の子の「学校に行けない理由」に振り回されているケースが非常に増えていると感じている。

特に、今の「いじめ」は、言った者勝ち。被害者が苦痛を感じていると訴えれば、「いじめ」と認定される。そして、学校はその対応に振り回される。しかし、

なんでもかんでも「いじめ」と認めてしまうのは良くない。
「いじめ」の事実が認められないのなら、不登校の子の保護者にその事実をきちんと伝えるべきだ。

特に、不登校の子の言い分は全て鵜呑みにしない方がいい。その障害を取り除いてあげても、学校に来る可能性は低い。成果の出ない努力は無駄である。

# 重大事件は「真実は1つ」で落とす



年に数回は、重大事件が起きる。万引きや高額なお金のやり取りなどである。

ある年も、姉妹が巨額の万引き事件を起こした。20年近く前の話だ。母親の訴えから分かった事件である。

家には万引き防止用のタグがついたままの大きなキャリーバッグがあった。そして、中にも多数の商品が。それらの中にもタグがついたままの物が多い。もちろん、母親が買い与えた覚えがない物ばかりだ。母親が聞くと、

「Hちゃんから預かってと言われた」

と姉妹が口を揃えて言う。

そこで困った母親が、

「気持ち悪いので、学校で預かってください。そして、Hちゃんを見つけて、返してください」

とキャリーバックと商品一式を預けて帰った。困ったというより、Hちゃんに対して怒っている様子である。

ちなみに、この保護者は問題のある方だった。こういう子どものウソをすぐに鵜呑みにしてしまう。だから、この姉妹は、よくウソをついていた。

私はこの時、丁寧に保護者の話を聞いた。最後まで聞いた。そして、次のようにお願いした。

「明日の放課後、お子さん2人から話を聞かせてください。遅くなると思いますが、いいですか？」

母親は二つ返事で了解してくださった。学校がすぐ動いてくれることに嬉しそうですらあった。

次の日の放課後、説教部屋である調理室に2人を呼んだ。

「今日はごめんね。放課後、早く帰って遊びたいだろうに。でも、大事なことだから話を聞かせてね」

まずは、丁寧にこう言った。彼女たちは、はっきり「黒」だ。私の勘が、そう言っている。いや、普通の大人なら、彼女たちが「黒」であることが見抜けるだろう。そのぐらい簡単な話である。

しかし、この段階では、彼女たちは、容疑者。(正確には、被疑者。親友に教えてもらった) いわば、任意同行の段階である。

そこで、丁寧に出る。下手に出る。

しかし、その一方で、次のように付け加えることも忘れない。

「でも、真実は1つだからね。今から2人に別々に話を聞くよ。2人の話が1つになるまでは帰れないからね」

凄みを利かせて、言う。姉妹に緊張が走る。

**このように重大事件では、1人ずつ個別に話を聞く。そして、「真実は1つ」と言い、2人の証言が一致するまで話を聞き続ける。**

警察の事情聴取だって、個室で個別に行われる。学校は警察ではない。しかし、重大事件については、警察に学んだ方がいい。

ちなみに、ケンカなど軽い問題は、２人同時に話を聞いてもいい。単なるケンカにいちいち時間をかけてはいられない。

妹を廊下に出させる。そして、用意したイスに座らせておく。そして、姉から話を聞き始める。ここからは持久戦だ。

一通り話を聞けば、妹と交代する。そして、妹から話を聞く。姉の話と一致する点があれば、

「そうだね。お姉ちゃんもそう言ってるよ。よく思い出した」

と褒める。姉の話と矛盾する点があれば、

「おかしいな。お姉ちゃんの話と違う。よく思い出すんだよ」

と責める。

姉妹を交代して、これを根気強く続けていった。

すると、どんどん話が変わっていった。預かった品々はＨちゃんが万引きした物であることになっていった。しかも、姉妹とも、Ｈちゃんが万引きした場面に立ち会ったことがあるというのだ。

そこで、勝負に出る。妹の時である。

「ひょっとして、君も、その万引き、一緒にした?」

「はい」

意外にも、妹は素直に万引きしたことを認めた。そして、数々の万引きについて、たくさんしゃべり始めた。実に、饒舌である。妹は本当は最初から話したかったのかも知れない。そして、それを姉に止められていたのかも知れない。

こうなれば、ことは簡単だ。今度は姉を部屋に入れて、問い詰める。もちろん、妹は廊下に出す。

「妹は、自分が万引きしたと正直に話してくれたよ。君もやったんだよね」

少し間を空けて、姉も、

「……はい……」

と答えた。

そこからは一気に姉を責め立てる。一つ一つの万引きの事実について確認していった。

「○○の店のことを教えて。いつ?」

万引きの時期や盗んだ商品、回数などを聞いていく。妹の話と違う事実があれば、

「おかしいな。妹の話と違うよ。よく思い出してごらん」

と問い詰めた。

もちろん、お互いに記憶違いの部分はある。多少の食い違いは見逃すことも大切だ。くり返し交代して聞くと、大体の真実が確定した。結局、Hちゃんの存在は、ウソ。そんな子は、いなかった。品物は全て姉妹が盗んだ物である。

そこで、2人の証言通りに、キャリーバッグを始めとする盗品を机の上に並べさせた。盗んだ店ごとに机に分けさせる。

6つの机に盗品が並べられた様子は、まさに壮観であった。よくもあれだけの物を万引きしたものだ。あの光景は忘れられない。

この時点で、保護者を呼んだ。そして、調理室の6つの机に広げられた盗品を見せた。そして、2人から聞いた話を説明した。

保護者は、大泣きである。そして、その様子を見て、2人も大泣きだ。

こうなれば、私の仕事は、ただ1つ。褒めることである。

「2人は万引きをしてしまいましたが、正直に話してくれました。正直に話して反省できたから、もうしないはずです。もう、万引きなんてしないよな」

2人は泣きながらうなずく。

「万引きなんて犯罪をしたら、お母さんが悲しむのが分かったでしょ。お母さんは2人が可愛くって仕方ないんだよ。そんな可愛い我が子が万引きなんて犯罪をしたら、お母さんは悲しむに決まってる。もう二度と万引きなんかするんじゃないよ」

2人は大きくうなずいた。お母さんからは、

「どうしたらいいでしょうか？」

と相談を受けた。

「やはり、お店を回って、謝罪と弁償をするしかないでしょうね。できれば、二度と2人にこんなことをさせないためにも、一緒に行って謝らせることをオススメします。お母さんも大変でしょうが、2人のためにも、ぜひお願いします」

お母さんは、

「そうします」

と力強く答えてくださった。

学校ができるのは、ここまでだ。姉妹のこんなにはっきりとしたウソに騙される保護者である。正直、謝罪に行くことはないだろうなと思っていた。

しかし、この保護者は行ってくださった。保護者から報告があった時には「ほんまかい

な」というのが正直な気持ちだった。

姉妹に話を聞くと、2人の話は一致していて、本当に謝罪に行ったことが窺えた。また、店の見回りに行った時に、数軒の店長さんから保護者が2人を連れて謝罪と弁償をしに来たことを聞いた。

そして、2人は二度と万引きをすることはなかった。

この時、姉妹の言い分を信じて、事実を追及しなかったら、どうだろう？

2人は反省することはなかったはずだ。そして、万引きをくり返していたはずだ。

いや、さらなる刺激を求めて、もっと重大な犯罪に手を染めていたかも知れない。

しかし、この時は、事実を突き止めることに成功した。だから、2人も反省し、二度と万引きをすることがなかったのだ。

子どもを正しい方向に導くためにも、まずは事実を突き止めることが必要である。


重大事件では、1人ずつ個別に話を聞く。

そして、「真実は1つ」と言い、2人の証言が一致するまで話を聞き続ける。


こうやって警察の手法を使うのも、子どもを正しい方向に導くための「策略」なのだ。

# 多人数でも「真実は1つ」で個別に攻めて落とす

数年前、親のお金を使い込むという事件が起こった。父親からの訴えだ。どうも財布からお金がなくなっている気がする。しかも、1万円札がなくなることが多くて、総額は15万円ぐらいだと言う。

お金が絡む話は、大問題だ。しかも、金額がでかい。一体そんな大金を何に使っているのか?お金の使い方が荒くなると、万引き、窃盗、恐喝など次の問題につながる可能性もある。

私は当然、重大事件として取り扱うことにした。

まず、担任に聞いてみると、妙な噂話を聞いたことを思い出してくれた。

「Iくんが J くんに10万円以上おごってもらったって言っていた」

こんな話を子どもたちがしていると言うのだ。

そこで、担任にクラスの子から情報を集めてもらった。すると、他にもおごられた子がいることが判明した。おごった子も含めて、全部で9人が関係していたようだ。

担任に金額は伏せて、おごったおごられたがあったかどうかだけ確認してもらった。9人の子どもたちは、おごりおごられの事実を素直に認めた。

そこで、各家庭に電話を入れた。

「まだ、詳しいことは分かっていないんですが、友達におごってもらったことがあったようです。しかも、結構な高額のようで。お金が絡んでいる話ですので、事情を聞きたいと思っています。今日、帰るのが遅くなりますが、ご協力いただけますか？」

全ての家庭からＯＫをいただいた。

放課後、９人を第二理科室に呼んだ。そして、次のように優しく言った。

「残ってもらって、ごめんね。宿題をやって、待っててていいからね」

第二理科室には、大きな机が９つ。それらの机に１人ずつ座らせて、宿題をさせる。

「今から、おごったりおごられたりした話を聞かせてね。お金が絡む話だから、はっきりさせないとね」

優しく言った後で、次のように言う。

「真実は1つ。みんなの話が合わないと帰れないから、正直に話すんだよ」

多少凄みを利かせて言った。

多額のお金が絡む重大事件である。当然、

**重大事件では、1人ずつ個別に話を聞く。**
**そして、「真実は1つ」と言い、2人の証言が一致するまで話を聞き続ける。**

という「策略」で事実を突き止める必要がある。2人でも9人でも同じだ。

第二理科室には、見張りの教員を1人配置した。お互いに口裏合わせをさせないためだ。

隣のミシン室に1人ずつ呼ぶ。そして、私と担任の2人で話を聞く。いつ、どこで、誰が、誰に、何をおごったのか?それはいくらぐらいなのか?ハッキリさせていく。

1人ずつ交代で事情を聞いていった。他の子と合わない事実があれば、

「他の子たちは、違うこと言ってるんだけどなあ。もう1回第二理科室に帰って、よく思い出してごらん」

「○○くんは、違うこと言ってるよ。もう一度よく考え直してね」

と言って、第二理科室に戻らせる。

これをくり返していると、ほぼ一致する事実が浮かび上がった。総額も15万円ぐらいで、お父さんの話とも一致する。一致しないのは、一番おごられているIくんだけだ。

Iくんを呼んで言う。

「君は1万円ぐらいって言っているけど、他の子たちが言っているのと大きく額が違うんだけど……君が正直に言わないと、みんな帰れないよ」

こう言うと、Iくんは、泣き出した。

「いくらおごってもらったの？」

「……12万円ぐらいです……」

事実がほぼ一致したところで、全員をミシン室に呼んだ。

「正直に話してくれて、ありがとう。お陰で思ったよりも、ずっと早く終わることができた」

まずは、「捜査」に協力してくれたことにお礼を言う。

「君たちの稼いだお金じゃないでしょ。それなのに、おごったりおごられたりしてはいけない。また、こんな大金をポイポイ使う習慣が身につくのも心配だ。お金が自由にならなくなったら、犯罪に走ってしまうかも知れない」

ちなみに、この件では、怒鳴り飛ばしていない。子どもたちも、遅い時間まで残されたことで、事の重大さが分かったようだったからだ。強い反省の気持ちも見られた。


厳しく強く指導するのは、反省させるため。

反省が見られれば、無駄に怒鳴る必要はない。

要は、子どもたちが反省して、二度と同じ過ちをくり返さなければいいのだ。


最後に次のように言って、終わった。

「お母さん、お父さんに、おごってもらった事実と金額は伝えておくからね。どうするかは、親子でしっかり考えなさい」

保護者には私と担任で事実と金額を伝えに行った。もちろん、お金絡み、しかも大金絡みの話なので、家庭訪問してである。９件は疲れるが、やはり顔を見て話した方がいい。どの保護者も額の大きさに驚かれていた。また、お金を返しますと言ってくださる保護者も多く、安心した。

# 問題がおさまるなら「真実が2つ」でもよしとする



10年ぐらい前のことである。放課後、1人の保護者が担任の私を訪ねて来た。そして、次のような話をした。

「中村先生、聞いてください。今日うちのKが火遊びして、Lくんの家の絨毯を燃やしてしまったらしいんです。Lくんのお母さんからお怒りの電話があって……Kが無理やりLくんにもさせて、2人でやったらしいんですけどね。今、Lくんのお母さんには、菓子折りを持って、謝罪してきました。でも、Kに聞くと、ライターを買ったのは、Lくんだったそうです。まあ、謝罪も済んだので、いいんですけど……」

私には、お母さんの主訴が「事実を確認して欲しい」ということだとピンときた。

どうも保護者同士の利害が絡んできそうな問題である。私は、ちょっと考えた。そして、時間かせぎをするため、次のように答えた。

「明日、2人から事情を聞いてみます。いずれにせよ火遊びは大変危険です。お母さんも、その点を心配されてますよね。火遊びについては、厳しく指導させていただきます」

いや、時間かせぎではない。この時点で私の結論は、すでに出ていたようだ。

先のページで、「真実は1つ」と事実を追及するという警察の手法を紹介した。今回の事例でも、その手法を使って、真実を追及することはできる。

しかし、この時、私の取った「策略」は違う。


**真実をあやふやにしてしまう「策略」である。この事件の場合、真実を1つにしてしまうと、どちらかの保護者に肩入れしてしまうことになるからだ。**


たとえば、Kくんが強引にLくんを誘ったのが真実だとしよう。そして、これをKくんの保護者に伝えたとする。すると、Kくんの保護者は面白くないはずである。

「お宅のお子さんがウソをついていましたよ。正しいのは、Lくんのお母さんでした」

と言っているのと同じだからだ。

逆に、Lくんがライターを買って、積極的に火遊びをしたのが真実だとしよう。そして、教師がLくんの保護者にこの事実を伝えたとする。すると、Lくんの保護者は、面白くないはずである。

「お宅のお子さんがウソをついていましたよ。正しいのは、Kくんのお母さんでした」

と言っているのと同じだからだ。

いずれにせよ、学校の調査をきっかけに、保護者同士の対立が再燃することが予想される。

Kくんの保護者もせっかく「謝罪も済んだので、いいんですけど……」と言ってくださっているのだ。Kくんの保護者は、割と良い方である。Kくんの保護者には、少々の我慢をしてもらおう。

こう考え、私が取った「策略」は、警察とは逆。2人を一緒に呼んで、話を聞いた。また、同席したLくんの担任には、

「この件は、あえて事実をあやふやなままにしておいた方がいいから」

と言っておいた。

聞いてみると、2人の話は、まあ、食い違うこと、食い違うこと。話を聞けば聞くだけ、真実から遠ざかっていく。

Kくんの保護者には、次のように伝えた。

「2人から話を聞きました。しかし、やっぱり話が食い違って、一致しませんね。でも、2人で火遊びをした事実だけは分かりました。お母さんも心配されているでしょうから、火遊びは絶対にしないように厳しく指導しておきました」

Lくんの保護者には、連絡をするかどうか迷った。しかし、次のように連絡した。

「Kさんから火遊びの話をお聞きしました。お母さんも心配されているでしょうから、2人に火遊びだけは絶対にしないように厳しく指導しておきました」

学校が火遊びの事実を知りながら、何もしないのはおかしい。そこで、Lくんの保護者にも連絡を入れたのだ。

また、Lくんから保護者に「先生に怒られた」と情報が入るかも知れない。子どもから親に情報が入るなら、教師が先に入れた方が得策である。いずれにせよ、

**我々教師は警察ではない。真実を1つにして、誰が正しいのか決める必要はない。我々教師に求められるのは、とにかく問題を大きくしないことだ。**

波風立てず、みんなが平穏無事に過ごせるような「策略」こそが一番大切なのである。

# 「相手の弱み」を握って再発を止めよ

7、8年前だろうか。6年生を担任していた時の話である。
音楽専科の教師が、6学年担任全員に相談に来た。

「音楽の時間、卑猥な言葉を替え歌で歌っている子がいるんですよ。しかも、1クラスだけでなく、どのクラスにも。指導していただけますか?」

お恥ずかしい話だが、私も中学生の時、卑猥な替え歌を歌ったことがある。ちょっと早い気もするが、性的なことに興味のある年頃なのだろう。正直、子どもたちの気持ちは分かる。

「でも、俺も先生だし、音楽専科からの訴えもあったんだから、一応きちんと指導しないとな」

こんな軽い気持ちで音楽専科の話を聞いていた。

さっそく各クラスで事情を聞いた。すると、卑猥な替え歌を歌っている子はすぐに判明した。各クラス３人程度。４クラスだったので、全部で10人ちょっとである。

さっそく6学年担任全員で、卑猥な替え歌を歌った子を集めて指導することにした。

まずは、学年主任のお説教が始まった。彼女は超真面目な性格だ。今回の事件も本気で腹を立てていた。

「そもそも性の営みっていうのは、尊いものなんですよ。お父さんとお母さんが愛し合ったから、君たちの命が生まれた。そんな尊いものを汚らしい言葉で面白がって替え歌にして……」

学年主任が怒っているのは分かる。しかし、お説教を聞いている子どもたちは、キョトンとしていた。実は、私もそう。顔には出さないが、

「この人、何言っているんだろう……」

と話の意味がよく分からないでいた。子どもたちが分からないのも無理はない。

子どもたちの反応の悪さに困った学年主任は、私に話を振った。いきなりの丸投げだ。

そこで、私は次のように話をした。真面目な顔で子どもたちに問いかける。

「先生だって大人だから、いろんな言葉を知ってるよ。でも、言わない。それは、何でか分かる？」

子どもたちは、ハテナ顔。なんと答えていいか分からないようだった。

もともと私も正解が出るとは思っていない。だから、次のように続けた。声を多少荒げて、迫力をもってである。

「それは、恥ずかしいから！君たち、恥ずかしいと思ってないでしょ。恥ずかしくないなら、お母さんの前でその替え歌を歌ってもらうからね」

子どもたちの顔色が変わった。そこで、私のクラスの1人を問い詰める。この子は保護者がうるさくない。追い詰めても、リスクが少ない子だからだ。この辺りの私の判断は、常に冷静そのものである。

「〇〇、お前、その替え歌、お母さんの前で歌えるよな」

「……歌えません……」

「なんで？」

「……恥ずかしいから……」

「その替え歌が恥ずかしいということは分かっているし、自分たちがやっていることは恥ずかしいっていう自覚もあるんだね」

「……はい……」

「だったら、恥ずかしいことは二度とするな！次やったら、お母さんの前で歌ってもらうからな」

他の子にも「恥ずかしいと思っていること」「二度としないこと」「次やったら、お母さんの前で歌うこと」の3点を確認して、お説教終了である。

このお説教の後、子どもたちが替え歌を歌うことはなくなった。

性的な話の場合、いろいろ理屈をつけて説明しても、子どもたちの心になかなか届かない。かといって、やめさせない訳にもいかない。

そんな時には、

## どうすれば、子どもたちが二度としないように追い込めるか？

子どもたちが何を嫌がるのかを把握した上で指導する「策略」が必要である。

もちろん、これは性的な話に限らない。どうすれば子どもたちが嫌がるのか？相手の弱みを握って、二度とさせないようにするといい。

# 生き残るためには「裏取引」にも応じよ

これは、私が生徒指導主任になる前の話。15年以上前の話だ。時効だと思うので、正直に告白しておく。

非常に荒れた学校に勤務していた時のことである。当時の私は、驚く程多くの「やんちゃ君」をまとめて担任していた。

その中に、Mくんがいた。Mくんは、大の問題児。1学期が終わった時に、くったくのない笑顔で、

「○○先生（音楽専科）は、まだ辞めないんですか？」

と言ってきた時は、背筋が凍ったものだ。

Mくんは、1年生から毎年、学級担任を辞めさせてきた子だ。私に刃が向いていない分、

その年は、音楽専科に照準が定まっていた。

そんなMくんが「有名人」（学校一有名なモンスターペアレント）の息子とトラブルを起こしたことがある。Mくんが「有名人」の息子に一方的に暴力を振るったのだ。しかも、その子はMくんより年下である。

「有名人」の怒りはマックスだ。きちんと謝罪しないと、怒りはおさまりそうにない。Mくんの保護者が菓子折りを持って謝罪するくらいのことはしないといけないだろう。私は、そう判断した。

幸いMくんの保護者は、まともな方であった。私はすぐに、Mくんの保護者に私と一緒に「有名人」に謝罪に行くようにお願いした。常識人であるMくんのお父さんがすぐに一緒に菓子折りを持って、謝罪に行ってくださった。お陰で「有名人」も納得。なんとか一件落着である。

この時は、さすがのMくんも恐縮した様子だった。だから、当分、悪さはしないだろう。私は、そう思った。

しかし、さすがのMくんである。次の日、さっそく事件を起こしてくれた。持って来たガムを昼休みに男女４人で食べたのだ。

ガムを食べれば、私も、即、気づく。そこで、4人を呼んで、事情を聞いた。

Mくんがガムを持って来たそうだ。で、面白がって、4人で食べたのだそう。

私は、お菓子を持って来て学校で食べることは、重罪であること。普通、保護者に学校に来てもらって、親からも絶対にしないように指導してもらう事案であることを告げた。

いつも以上に、Mくんの表情が暗い。真面目に反省しているようだ。そこでMくんに、

「どうした?」

と聞いてみた。すると、

「昨日もお父さんに迷惑をかけているから、さすがに今日も呼ぶのはやめて欲しい」

と言う。そこで、私は次のように言った。

「Mのお父さんは、本当にいいお父さんだよね。昨日もMのために、一生懸命謝ってくださった……」

しばし、沈黙。時間にして2~3分だろう。Mくんが、そして、他の3人が私の決断を待っている。こういう時は、あえてじらすのがいい。

私は真剣な表情で、4人を見つめて言った。

「じゃあ、Mのお父さんに免じて、今回は先生の胸の内にだけしまっておこう。生徒指

導の先生にも黙っておく。これで、いわば共犯だからな。次、Mや君たちがお菓子を食べたら、先生も責任を問われる。だから、M、他の3人も、絶対に学校でお菓子を食べるな。また、Mが持って来たら、そのまま持って帰るように叱ってやって。約束できるか？」

この4人は、ホッとした表情を見せた。と同時に、絶対に次はないという反省した表情を見せた。そして、深くうなずいた。

その様子を見て、私はこの「裏取引」を了承した。

結果、その後、卒業まで、この4人が学校でお菓子を食べることはなかった。

確かに生徒指導主任に報告しなかった自分は悪い。組織人としては、失格だ。
しかし、再犯を防ぐことには成功した。
結果を出した限り、責められる筋合いはない。

ここまで腹をくくったから、「裏取引」なんて、危ない「策略」を選択したのだ。

この後、Mとの関係は、ますます良くなった。重罪を見逃してくれた私に恩義を感じ、「この先生にならついて行こう」と思ってくれたのだ。

「裏取引」なんて危ない「策略」も困難校を生き抜くためには必要なのである。

# 大人の余裕で笑って切り返せ

5年生のNくんが担任に、

「6年生が特別教室に隠れてお菓子を食べている」

と教えてくれた。

担任はすぐに、6年生担任に報告。6年生担任は、その子たちを厳しく指導した。

しかし、おさまらなかったのが6年生。実は、この学年は、非常に荒れていた。荒れている学年は負のパワーに満ちている。

指導された6年生はNくんに、

「ちくりやがって」

と詰め寄った。もちろん、担任が5年生の名前を出した訳ではない。しかし、お菓子を食べている姿をNくんに見られていたことが分かっていたようだ。

Nくんを数名で取り囲んで謝罪を要求。結局、Nくんは泣きながら土下座をさせられた。教室で泣きじゃくるNくんを見て、担任が事情を聞いた。その事実を知った担任は、6年生を指導し、Nくんに謝罪させた。

荒れまくっている子どもたちである。これでも、まだおさまらない。その怒りの矛先は、5年生担任に向かった。

6年生は、廊下で5年生担任とすれ違う度に、

「くそばばあ」「しわくちゃ」

と言う始末である。

そこで、生徒指導担当である私に報告があった。指導して欲しいと言う。

仕方ないので、指導した。しかし、正直に言えば、指導したくはなかった。担任とこの子たちとの関係は崩れている。また、5年生担任との関係も崩れている。確かに、私の出番だ。私が指導するしかない。

しかし、細かいことで指導をくり返せば、私とこの子たちとの信頼関係も崩れてしまう。叱られれば、人間、面白くないもの。叱る回数が多ければ多いだけ、人間関係は崩れる。

もちろん、Nくんが土下座して謝罪させられた件は、しっかり指導する必要がある。子どもが犠牲者になっているのだ。放っておく訳にはいかない。助けてあげないといけない。また、放っておいたら、Nくんの保護者だって学校に不信感を持つに違いない。

## 子どもが犠牲者の場合は、加害者を全力で指導し、再発を防がないといけない。

当然の話である。

しかし、今回の被害者は、教師である。確かに、

「くそばばあ」「しわくちゃ」

と言われれば、腹も立つだろう。しかし、このぐらいの悪口は、上手にスルーできないかなと思う。または、ユーモアで切り返せないかとも。

たとえば私は、結構、子どもたちから悪口を言われる。今どきの子どもたちは「傷つけながら交わる」スキルを持っている。子どもたちは私を傷つけながら、私に近づく。

「しわくちゃ」

私が言われたら、どう切り返すだろう。

「おかしいなあ、先生、19歳なんだけどな」

「先生、魔女に魔法をかけられて、しわくちゃになっちゃった」

う～ん、いまいち。でも、こんなたわいもない冗談を言うだろう。

いずれにせよ、気にせず、ユーモアで切り返すはずだ。または、相手にしないかだ。聞こえないふりをして、放っておくかも。

こういう対応が、大人の余裕である。

対峙して勝って、ひれ伏せさせたとしても、「やんちゃ君」たちは面白く思わない。恨みを買うだけだ。そして、復讐の機会を狙っている。

少なくとも相手は、教師がカチンとくるのを狙っている。そんな相手の「策略」に乗るのは最悪の手。愚の骨頂。カチンとくれば、面白がって、またやってくるに違いない。

大人の余裕ある対応で、相手に肩すかしを食らわせるのがベストである。

## 「やんちゃ君」たちとは戦わないのが一番の「策略」なのだ。

大人への嫌がらせは、大人の余裕で対応しよう。余裕のある対応が「やんちゃ君」たちと対峙しないための一番の「策略」である。

# 全校全て「ブラック」に巻き込め

生徒指導主任は、全校の前で話すことが多い。私の勤務する学校では、始業式や終業式の後に、必ず話をすることになっている。全校朝礼の時もだ。

私が初めて生徒指導主任になった時、『生徒指導主任の話のネタ集』のような本を探してみた。また、ネットにないか調べてみた。しかし、驚く程ヒットしなかった。生徒指導主任が全校にどんな話をしているのか？情報が無いのだ。

そこで、中村がどんな話をしているのか？具体的に紹介してみたいと思う。

私は、4月最初の始業式で、次のような話をしている。まずは、全校の前に立って、すぐ、次のように言う。

「全員、起立！シャツ、入れる。襟、直す。そして、名札がついている。正しい服装になった人は、座りなさい」

もちろん、服装チェックの意味もある。名札忘れのチェックの意味もある。

しかし、こうやって子どもを動かしながら話すのが、私の真骨頂だ。動かしながら話すから、話にテンポが生まれる。だから、私の話を子どもたちは長いと感じずに済む。

名札がない子を立たせたまま、次のように話を続ける。

「学校には、たくさんのルールがあります。名札をつけるのも、1つのルールです。ルールは必ず守りなさい。明日から名札をつけてくる人は、座ってよし」

厳しい口調で言う。そして、話を続ける。

「ルールは、何のためにあるのか分かりますか?……自分を守るためです。ルールは、何のためにありますか?」「自分を守るため」

全校生徒に声を揃えて言わせる。ちなみに、私は話の途中で、子どもたちに声を揃えて言わせる機会が多い。これも、話のテンポをよくするためだ。また、動きを入れ、子どもたちを飽きさせないようにするためだ。

くり返して言わせると、子どもたちは全校の人数でも声を揃えて言えるようになる。今勤務している学校は500人程度の学校だ。それでも、この前「用もないのにお店に行かない」を1発で揃えて言えたのに驚いた（31ページ参照）。

「ルールは何のためにありますか？」「自分を守るため」

「そうです。ルールを守ることは、自分を守ることにつながります。ここに『校外生活のきまり』と『校内生活のきまり』があります。ここに書いてあるきまりを全部守れば、絶対に危ない目に遭うことはありません。必ずきまりを守ってください」「はい」


これで「ルールは自分を守るためにある」という大前提が出来上がる。

『ブラック運動会・卒業式』の時に書いた「ストーリー」のようなものだ。

後は、このストーリーに乗せて、その時、特に気をつけて欲しいルールを説明するだけでいい。


この始業式では、登校時刻を扱った。前年度、遅刻する子が目立っていたからだ。

まずは、クイズで子どもたちを惹きつける。

「『校内生活のきまり』に学校に来る時刻が書いてあります。では、クイズ出すよ。まずは、○×の練習ね」

こう言って、○×ポーズの練習をさせる。

「学校には、8時10分までに来れば良い。〇か×か、せーの、ドン！」

全員に〇×ポーズを出させたまま、正解発表する。

「正解は、……×です」

正解した子どもたちから、歓声があがる。全校で行うクイズは、このぐらいシンプルなのが一番だ。複雑にすると、全校の全員が理解し、参加するのは難しい。

歓声がおさまったところで、説明する。

「『校内生活のきまり』には、7時40分から8時までに来るように書いてあります。ということは、何時までに学校に来ればいいの？」「8時」

声を揃えて言わせ、徹底したい「8時」を確認する。

「この学校の校区でも、不審者が目撃されたことがあります。そんな時、登校時刻を守っていれば安全です。たくさんの友達がいます。スクールガードの方もいらっしゃいます」

子どもたちはうなずきながら聞いてくれる。

「それなのに、遅れてくると、周りに友達はいません。スクールガードの方もいらっしゃいません。非常に危険です。だから、8時の時刻を守ってくることが、とっても大事なのです」

徹底したい「8時」は、もう一度、確認する。

「もう一度、聞くよ。何時までに学校に来れば良いの?」「8時」

しつこいが、この話のポイントは「8時」である。ポイントはしつこくくり返し徹底するしかない。

最後にストーリーの確認である。

「最後に聞きます。ルールは何のためにありますか?」「自分を守るため」

「そうです。自分を守るためです。自分を守るために、学校のいろいろなルールを守ってください」

これで、フリ成立である。次から全校の前で話す機会があれば、最初に、

「ルールは何のためにありますか?」「自分を守るため」

と、ストーリーの確認をする。このストーリーがあれば、後は、その時問題になっていることについて細かく話せばいい。川での遊泳禁止、道路での飛び出し、帰宅時刻などなど。

生徒指導上のたいていの話はこのストーリーの上に乗っけて話せる。

まあ、細かい話も、3つが大原則だ。子どもたちは、3つしか覚えられない。

# 第4章

# おかわりブラック

## やめられない腹黒さ…

# 夏休みの宿題は許してやれ



私は宿題忘れにうるさい。宿題を忘れた子がいれば、厳しく叱る。

宿題の目的の1つは、家庭学習の習慣をつけるためだ。

「家庭できちんと学習する習慣がないと、学力が伸びない。賢くなるために、宿題をきちんとやってきなさい」

こんな叱り方も、もちろんする。しかし、宿題には、もう1つ目的がある。それは、

**与えられた仕事を確実にする責任感を育てるため**

である。宿題忘れをした子には、次のような話をする。

「大人になっても、家に帰って、明日までに資料を作らないといけないことがあります。

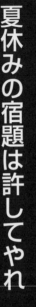

しかも、次の日、大きな商談がかかった相手を説得する資料です。その資料を忘れると、会社に大きな損害を与えます。それなのに忘れたら、クビですよ。君が困る。君の奥さんも子どもも困る。今のうちに宿題をきちんとする習慣を身につけなさい。責任持って仕事ができるようにならないと、大人になって困る。君も、君の将来の家族も困る」

ちなみに、次のように言う子がいる。

「先生、宿題やったんだけど、家に忘れました」

アナタなら、どう答えるだろう？私は、次のように言う。

「家でやったかどうかなんて、関係ない。宿題を持ってくるという責任を果たせていないんだから、罪は一緒。言い訳をするな！」

宿題を忘れたことにプラスして、言い訳をしたことを叱られる。

忘れた分の宿題は、責任持ってさせる。私のクラスでは、昼休みは外で遊ぶ約束になっている。そこで、10分休みや20分休み、給食を食べ終わった後にすることになる。それでできなければ、当然、居残りしてでもさせる。責任は果たさせる。その一方で、

## 夏休みの宿題については、寛容だ。正直に言うと、チェックすらしない。

私は夏休みの宿題は、言い訳だと思っている。たとえば、夏休み帳を1冊やったところで、学力が向上するとは思えないからだ。しかし、親の手前、宿題に何も出さない訳にはいかない。そこで、私の感覚では、言い訳として宿題を出している。

だから、夏休みを始め、冬休み、春休みの宿題もうるさく言わない。チェックもしない。

真面目な教師の教室では、黒板に夏休みの宿題を忘れた子の名前が書かれている。「夏休み帳　中村」「漢字30ページ　中村」などなど。同じ名前がたくさんある。

そして、その名前は、なかなか消えることがない。9月の間、ずっと消えない。下手をすると、10月や11月まで書かれている。

これ、名前を書かれている子は、学校に来るのが嫌になるのではないか。

私は、1ヶ月以上の長い夏休みの借金を負わせ続けるのは、酷な話だと思っている。

どこかのタイミングで、許してあげよう。たとえば、漢字30ページなら、

「夏休みの40日、ずっとさぼると、大変なことが分かったでしょ。さすがに30ページは無理だよね。5ページやったら許してあげるから、がんばりなさい」

こんな風にして許してあげる。

許してあげる、ごまかすも、立派な「策略」なのである。

# 「コール＆レスポンス」で子どもはノセられる

私は中学生時代からバンドを組んで活動していた。私の担当は、ドラム。当時、流行した「イージー・ラヴァー」という曲がある。その曲のドラムがとてもかっこいいと思った。フィル・コリンズに憧れて、ドラムを始めたのだ（こう公言している）。しかし、ドラマ「ポニーテールはふり向かない」やマンガ「気分はグルービー」の影響も否定できない）。私が若い頃には、洋楽しかなかった。「ベストヒットＵＳＡ」を見て、気に入ったレコードを買ったものだ。

しかし、私の大学時代から、日本にもかっこいいバンドが出始めた。特に私のお気に入りだったのが、ウルフルズ。根がお笑い好きの私にウルフルズはぴったりだった。

初めてウルフルズのライブに行った時の衝撃は忘れられない。彼らの曲は、全て「コール&レスポンス」を意図して作られている。ライブに行って、初めてそれが分かった。全曲「コール&レスポンス」である。盛り上がらないはずがない。私も他のお客さんもウルフルズのパフォーマンスに大盛り上がりで酔いしれた。

私は、「子どもたちのお腹がすく授業をしよう!」と提案している。子どもたちは、ジッと黙って座って話を聞くのが一番苦手。動いている方がよっぽど楽なのだ。

だから、私は授業中、子どもたちを動かしまくる。立ったり座ったり、声を出したり、どんどん動かす(詳しくは『ブラック授業づくり』)。

そんな子どもたちを動かす技の1つに「くり返し」がある。たとえば、次のような説明である。

「今から俳句について学習します。俳句は5・7・5の17音でできている世界で一番短い詩です。季節の言葉、季語を入れるのが約束です」

今計ってみると、5秒程度の説明だ。しかし、この短い説明でも、教師が一方的に話すと子どもたちは退屈する。そこで、くり返しである。

「今から俳句について学習します。俳句、はい」「俳句」(子どもたち全員が声を揃えて)

「俳句は5・7・5の17音でできている世界で一番短い詩です。5・7・5、はい」

「5・7・5」（子どもたち全員）
「季節の言葉、季語を入れるのが約束です。季語、はい」「季語」（子どもたち全員）

私のクラスでは、教師が「はい」と言えば、くり返して言う約束ができている。

こうやって、「くり返し」を入れるだけで、子どもたちに動きが出る。だから、子どもたちは飽きにくい。

「くり返し」は、誰でもできる。それこそ、教師1年目の初任者にでもできる。

だから、まずは「くり返し」の手法を若手は取り入れて欲しい。子どもたちが授業に集中するのが手に取るように分かるはずだ。

この「くり返し」の手法、「コール＆レスポンス」に学んだものだと最近気づいた。テレビでディズニーシーの「タートル・トーク」というアトラクションを見たのがきっかけだ。「タートル・トーク」は、私の授業スタイルによく似ていた。「コール＆レスポンス」の手法を多用しているから、お客さんに参加している感が生まれる。だから、楽しい。

## 「コール＆レスポンス」の手法を使って、子どもと一緒に授業をつくる。

こんなイメージで授業をしてみる「策略」をオススメする。

# 教師も子どもも楽が一番

時代が平成から令和に変わった。非常にめでたいことである。だから、祝日が増えるのも当然だし、大賛成。今年のＧＷは、なんと10連休だった。

10連休なんて、私が生きている間に、もう二度とないかも知れない。毎年改元してくれないかな?なんて、不謹慎にも思う。

せっかくのめでたい10連休である。私は、10日間、一切学校に行かなかった。10日も連続で学校に行かないなんて、夏休みでもないんじゃないのかな。

しかも、夏休みは『ブラック』を書くことにしている。しかし、10連休は、本を書くこともない。本当に自由な10日間だった。たくさん遊んで満喫した。

たくさん遊んで楽しんだ分、反動が来た。10連休明けで、学校に行くのは嫌だった。心から、嫌だった。

しかし、そんな重たい気持ちになることが私には予測できた。だから、私は重たい気持ちを少しだけ楽にする「工夫」をしていた。

10連休明け、令和元年5月7日（火）。この日の日課は、次の通りである。

1時間目・算数　2時間目・国語（漢字辞典を使ったゲーム）
3、4時間目・図工　5時間目・社会（都道府県を覚えるゲーム）
6時間目・国語（パソコンルームでローマ字入力のゲーム）

1時間目の算数は、真面目に普通の授業をした。

しかし、その他は、作業的な学習かゲームである。つまり、私が楽。

特に、3、4、6時間目は、私は何もしなくていい（図工の専門家に怒られそう）。また、2、5時間目は、定番のゲームだ。準備はいらないし、仕切りも簡単である。

これだけ楽なら、学校に行ってもいいかなと思う。10連休明けの私にとって、とっても優しいメニューである。

しかし、このメニュー、私が楽なだけでない。子どもたちにとっても優しいメニューになっている。

10連休が明けて、学校に来るのは、子どもたちも嫌に違いない。しかし、このメニューなら、

「今日は、楽しそうな授業がいっぱいだな。学校が始まるのも悪くはないな」

と思ってくれるかもしれない。


**10連休後の中村学級のメニューは、私にも子どもたちにも優しくしてあるのだ。**


10連休でなくても、3連休明けなども、私はお互いに楽できる「策略」を取る。10連休明けほどではなくても、昼からは作業的な学習にすることが多い。

ちなみに、今は、夏休み。夏休み明けに、優しいメニューを用意するかというと少し違う。

9月最初は、「銀の時間」。子どもたちを鍛え直さないと、学級は上手く回らない。だから、子どもたちに少しずつ負荷をかけ、1学期と同じ状態に戻していく。まあ、「銀の時間」については、『ブラック学級開き』を参考にしてほしい。

いずれにせよ、連休明けに学校に行くのは嫌なもの。教師も子どもも、無理はやめよう。

# 「正しいラジオ体操」なんてあきらめてよい



今まで何冊の本を書いてきたのだろう？こだわりのない私は、何冊書いたか調べたことがない。でも、たぶん、30冊は超えているな。いや、50冊いっているかも。

全国3億人の中村健一ファンのみなさん、もしよかったら誰か調べて教えてください。

まあ、いずれにせよ、たくさんの本を書いてきたのは間違いない。有難いことだと心から思っています。

これだけの本を書いているのだから、中村はスラスラ書ける人だと思われている気がする。しかし、大きな勘違い。私は1冊書くのに、ものすごく時間がかかるタイプだ。

『ブラック』も、そう。書き始めて仕上げまで、半年以上かかる。

これ、たぶん、書き方の問題である。私は、とりあえず書きたいことを、どんどん書く。

いわゆるプロットを作らない。

そして、とりあえず書いたものを整理していく。私は文章にこだわりがある。しかし、それ以上に筋を通すことにこだわる。

だから、矛盾がないように、筋が通るように、整理していく。

私の本を「読みやすい！」と評価してくださる方がいらっしゃる。憧れの大実践家・岩下修氏に文章を褒めていただいた時など、飛び上がるほど嬉しかった。

しかし、私は、読みやすいのは文章だけが理由ではないと思っている。筋が通っているから、読者が「あれ？」と思う引っかかりがない。だから、読者は立ち止まることなく、私の本をスラスラと読めるのだ。こう、勝手に思っている。

さて、前置きが長くなりすぎた。前作『ブラック運動会・卒業式』についてである。

私は、先に書いたような本の作り方をしている。だから、時々、「抜け」がある。「これ、書いておけばよかったなあ」と思うことがあるのだ。

『ブラック運動会・卒業式』でいえば、ラジオ体操。運動会について書いておきながら、ラジオ体操の指導を書いていないとは、間抜けでした。

私は体育主任として、運動会を仕切ってきた。ラジオ体操の全校指導も、もちろん私の担当だ。

ラジオ体操は、実は、とっても難しい。私はかなり正確にできる方だ。それでも、完璧ではない。細かい部分を見れば、私のラジオ体操にも間違いはあるだろう。

**全校練習のわずかな時間を使って、子どもたちに正しいラジオ体操を教えるなんて、絶対に無理。**

まずは、体育主任は、そのことを分かっておいた方がいい。

そこで、ポイントを次の3つに絞って教えている。

**①気をつけ　②手を伸ばす　③音をさせない**

まずは、「①気をつけ」。これが、全ての基本である。「気をつけ」が決まれば、ラジオ体操はきれいに見える。

普通の「気をつけ」だけではない。ラジオ体操には、足を開いた「気をつけ」も結構出てくる。足を開いたまま、指先までしっかり伸ばして、手を足の横につける。

全校がきちんと「気をつけ」すれば、それだけで美しい。

次に、「②手を伸ばす」だ。手を上に上げたり、横に振ったり。腕がピシッと伸びていれば、ラジオ体操を一生懸命しているように見える。逆にいえば、腕が曲がっていると、手を抜いているように見える。

最後に、「③音をさせない」だ。ラジオ体操第一に音が出る運動はない。それなのに、きちんと指導していない学校では、子どもたちが足を叩く音がパンパン響く。だから、音をさせないように指導する。

後は、「朝礼台の上に立っている代表の子の真似をしなさい」と指示する。そのために、代表の子のラジオ体操は、徹底的に鍛える。私が知っている限りの正しいラジオ体操を毎日教える。

また、最近便利なのが、ラジオ体操（正確には、テレビ体操）の動画が簡単に手に入ることだ。たとえば、YouTubeなどインターネットのサイトで簡単に見られる。

代表の子には、この動画を見て、家でも練習するように言う。そして、とにかく動画の動きを真似させる。

ラジオ体操は、実際に動きを見て覚えるのが早い。代表の子をいかに鍛えておくか全校に正しいラジオ体操を教えるための大事な「策略」である。

# 「フレーム」を使って手を抜け

私が勤務する山口県の教員採用試験を受ける若手から相談を受けた。2次試験の1つに模擬授業があるらしい。

お題を与えられて15分間考える。そして、5分間模擬授業をする。道徳の授業である。

そのお題が、実に難解。たとえば、去年のお題は次の3つである。

・自ら考え、行動することの大切さ
・生命を尊重し、自他の生命を守ることの大切さ
・規則正しい生活習慣を身につけることの大切さ

この3つの中からランダムに1つのお題が与えられる。

過去10年分以上のお題について、私なりの授業プランを教えていった。しかし、お題は30以上。全部のプランを考えるのは大変だ。若手も覚えきれないだろう。

そこで、私が提案したのが、フレームを作ってしまうこと。たとえば、「自ら考え、行動することの大切さ」なら、次のような流れで授業する。

①「自ら考え、行動することの大切さ」の確認

「自ら考え、行動すること」と板書

「自ら考え、行動すること」が大切だと思うか？〇か×かポーズで示す。

↓ 〇×の人数を板書（多分、全員〇）↓「大切」と板書

「自ら考え、行動すること」が大切な理由 ↓ 発表 ↓ 板書

②「自ら考え、行動すること」が大切だと分かっていてもできなかった経験を発表

まずは、教師が「自ら考え、行動すること」ができなかった経験を発表

10秒間、できなかった経験をペアトーク ↓ 発表 ↓ 板書

③「自ら考え、行動すること」を実行するために必要なこと

10秒間、必要だと思うことをペアトーク ↓ 発表 ↓ 板書

こういうフレームを作っておけば、どんなお題が来ても対応できる。たとえば、お題が、「生命を尊重し、自他の生命を守ることの大切さ」なら、①は次のような流れになる。

①「生命を尊重し、自他の生命を守ることの大切さ」の確認
「生命を尊重し、自他の生命を守ること」と板書
「生命を尊重し、自他の生命を守ること」が大切だと思うか?○か×かポーズで示す。↓　○×の人数を板書（多分、全員○）↓「大切」と板書
「生命を尊重し、自他の生命を守ること」が大切な理由　↓　発表　↓　板書

教師はこういう授業のフレームをいくつか持っておくといい。

実は、このフレームの考え方、私が専門とするゲームづくりで学んだものである。

上條晴夫編著『はじめの5分が決め手　授業導入ミニゲーム集』（学事出版）に「簡単ゲームづくりのコツ―フレームゲーム―」という原稿が掲載されている。私と同い年の佐内信之氏の研究の成果だ。

佐内氏は、「ゲームの形式さえ確定できれば、内容の方はいくらでも変えることができ

る。一つのフレーム（形式）をもとに、さまざまなバリエーション（内容）のゲームが工夫できる」と述べる。

この「フレームゲーム」の考え方、大変勉強になった。そして、私のゲーム開発に大変役に立った。

最も分かりやすい例でいえば、ビンゴだろう。ビンゴというフレームを使えば、バリエーションはいくつでも考えられる。漢字ビンゴ、九九ビンゴ、実験器具ビンゴ、地図記号ビンゴ。国語、算数、理科、社会、今考えただけでも、すぐに思いつく。

このフレームゲームの考え方を利用したのが、先の道徳授業なのである。これは、道徳に限らない。


**教師は、授業のフレームをいくつか持っておくといい。そうすれば、楽に楽しく授業ができる。**

国語の物語なら、このフレーム。説明文なら、このフレーム。算数なら、このフレーム。社会なら、……と、いろんなフレームを持つ「策略」をオススメする。

# 良いクラスなんて、つくらなくてよい

教師になって1年目の初任者、現場に出る前の若手に伝えたいことがある。

**1年目、良いクラスなんてつくらなくていいんだよ。何とか1年間、しのいでくれればいい。アナタさえ辞めなければ、それで十分。**

心の底からそう思う。

1年目は厳しい。非常に厳しい。保護者も子どもも、初任者に担任されるのを嫌がる。ベテランに担任してもらって、安定した学級で安心して過ごしたいと思っているのだ。

初任者は、ハンディキャップを背負ってのスタートだ。クラスが壊れる可能性も高い。

それでも、1年しのげば、少し楽になる。1年間が見通せるからだ。そして、年々楽しくなっていく。

私は基本的に、「教師は良い商売だ」と思っている。だから、1年目の厳しさだけを感じて、教師を辞めてほしくない。40年以上続く教師人生は長いのだ。

だから、初任者は、良いクラスなどつくる必要はない。何とか1年間を生き抜いてくれれば十分だ。

いや、1年目の初任者だけではない。

最近、転勤したばかりの学校でいきなり高学年を持たされたという話をよく聞く。いきなり6年生担任も多い。前年度荒れた学級をいきなり持たされるケースも多い。

きっと、なり手がいないからなのだろう。しかし、この校内人事の「策略」は大きく間違っている。転勤して、いきなり高学年担任は、学級崩壊のリスクが高い。6年生は、もっとそう。前年度荒れた学級を事情を知らない教師が担任するのも、もちろん危険である。

全国の校長先生に告ぐ！


**転勤してきたばかりの教師に高学年、ましてや6年生をいきなり担任させるのは、絶対にやめてほしい。前年度荒れた学級を持たせるのも、絶対にやめてほしい。**

中村がくり返しお願いしていることである。

それなのに、転勤していきなり高学年担任にさせられる教師がいる。6年生担任にさせられる教師がいる。前年度荒れた学級の担任にさせられる教師がいる。

転勤していきなり、そんな苦境に立たされた教師たちに言いたい。

**転勤して1年目、良いクラスなんてつくらなくていいんだよ。何とか1年間、しのいでくれればいい。アナタさえ辞めなければ、それで十分。**

私も厳しいクラスをたくさん持ってきた。そんな時、良いクラスをつくろうなんて発想は捨てた。良いクラスをつくろうとすると、どうしても無理がくるからだ。いたずらに負荷をかけると、子どもたちとぶつかる可能性が高くなる。クラスが壊れる可能性が高くなる。

そもそも、持ち手がいなかったクラスをアナタに押し付けたのだ。誰も、良いクラスをつくって欲しいなんて思っていない。荒れたクラスを誰かが持って、1年間をしのいでくれれば御の字だと、周りは思っているに違いない。

良いクラスをつくろうなんて発想は捨てよう。それが自分を守るための「策略」である。

# 若者がこぢんまりとまとまった日本に未来はない

居酒屋で初対面のお客さんと意気投合して飲むことがある。そんな時、私が、

「俺の商売、何だと思います？」

と聞く。すると、お客さんが答える。

「兄ちゃん、中古車販売かなあ」

私は若い頃、教師だと思われたことはなかった。しかも、なぜか必ず、「中古車販売」。

若い私は、「せめて新車を売らせてくれよ」と、思ったものである（笑）。

今年の6月8日（土）、東京で講座を持った。尊敬する師匠・上條晴夫氏（東北福祉大学教授）とのコラボである。

東京ということで、前日入りである。しかも、予定より、ずいぶん早く着いた。そこで、

浅草にくり出した。東洋館で演芸を楽しもうと思ったのだ。しかし、夕方には終わっていた。

仕方なく一人でモツ煮を楽しむことにした。しかし、ホッピー通りで飲むのも面白くない。そこで、路地裏の一般客が入るような店を選んだ。すると、すでにベロンベロンのおっちゃんが3人。店に入るなり、いきなり、こう話しかけられた。

「兄ちゃん、なんか、学校の先生みたいやな」

25年以上、教師を続けてきた。どうやら私も「中古車販売」を卒業して、「教師」らしくなったのだろう。

私が若い頃、尊敬していた教師たちは、先生らしくない方が多かったように思う。遊ぶことが大好き。真面目に授業するよりは、いかに子どもたちを楽しませるか。いや、自分自身が楽しめるかを追求しているような方だ。

私は、若い頃から、教育セミナーに参加していた。たとえば、そこで出会った古川光弘氏（『学級ワンダーランド計画―「古川流」戦略的学級経営』などの著書がある憧れの大実践家）の実践だ。

古川氏の実践には、圧倒された。その1つに「ラーメンを盛大に食べよう会」という実践がある。クラス全員がどんなラーメンでもいいから、1個ずつ持って来る。そして、川原で火を起こし、大きな鍋に全部を放り込んで、みんなで食べる。子どもたちにとっては、最高の思い出になることだろう。

私も教師になって5年目。6年生で、この実践を追試した。川原とはいかなかったが、家庭科室で。みんなで笑いながら、膨張したラーメンを腹がはち切れるまで食べた記憶がある。

この実践、今の教室でできるだろうか？無理だと思う。私は、やらない。こういう面白い取り組みを嫌う保護者もいるからだ。保護者を敵に回してしまっては、学級は成り立たない。今の私は、

**大胆な実践を行うことはない。誰からも嫌われないように、誤解を招かないように、慎重に生きている。**

若手はもっと、そうだ。1つの失敗が許されない状況に置かれてしまっている。たった1つの失敗が不信を招き、学級崩壊につながる危険性も高い。だから、私も若手に無難な実践ばかり勧めている。

しかし、そのせいで、若手が妙にこぢんまりとまとまってしまっていくことを心配している。やはり、

**大胆な実践ができるのは、若手の特権だ。失敗するのも、若手の特権だ。**

私が5年前から書き続けている『ブラックシリーズ』のコンセプトは、「策略」。これからの教師は、失敗が許されない。だから、絶対に失敗しないように「策略」を巡らせる必要がある。こんなメッセージである。

こんな本を書きながら、若手がこぢんまりとまとまっていくことを心配している私がいる。

なんとか若手たちに思い切った実践ができる環境をつくることができないか？

**若い教師が思い切った実践ができない日本の教育に未来はない。**

若手教師に、自由を！やる気を！やりがいを！日本の10年後、20年後を本気で心配している。

【著者紹介】

中村　健一（なかむら　けんいち）

1970年，父・奉文，母・なつ枝の長男として生まれる。

名前の由来は，健康第一。名前負けして胃腸が弱い。

酒税における高額納税者である。

キャッチコピーは「日本一のお笑い教師」。「笑い」と「フォロー」をいかした教育実践を行っている。しかし，この『ブラックシリーズ』でその真の姿，「腹黒」をカミングアウト。



【主要著書】


『策略―ブラック学級づくり　子どもの心を奪う！クラス担任術』

『策略プレミアム―ブラック保護者・職員室対応術』

『策略―ブラック授業づくり　つまらない普通の授業にはブラックペッパーをかけて』

『策略―ブラック学級開き　規律と秩序を仕込む漆黒の三日間』

『策略―ブラック運動会・卒業式　追い込み鍛える！行事指導』

（以上，明治図書）

『担任必携！学級づくり作戦ノート』（黎明書房）


策略―ブラック生徒指導
二度と問題を起こさせない叱り方

2020年2月初版第1刷刊
2022年1月初版第5刷刊

©著　者　中　村　健　一
発行者　藤　原　光　政
発行所　明治図書出版株式会社
http://www.meijitosho.co.jp
（企画）佐藤智恵（校正）武藤亜子
〒114-0023　東京都北区滝野川7-46-1
振替00160-5-151318　電話03(5907)6703
ご注文窓口　電話03(5907)6668

＊検印省略

組版所　株　式　会　社　カ　シ　ヨ





Printed in Japan　ISBN978-4-18-310010-8

# 博愛 ホワイト学級づくり

## 正攻法で理想に向かう！クラス担任術

俵原 正仁 著

**教師の「愛」で気になる「あの子」をプロデュース！**
子どもが大好き！という教師になったその時の、真っ白な気持ちを覚えていますか？その思いを胸に「優しい教師であること」「面白い授業をすること」「どの子の力も伸ばすこと」を大切にしましょう。教師の「愛」で正しく理想に向かうクラスのつくり方を紹介します。

図書番号:2107
四六判・192 頁
1800 円+税

# 情熱 燃えるレッドの学級づくり

## 全力で子どもを伸ばす！クラス担任術

土作 彰 著

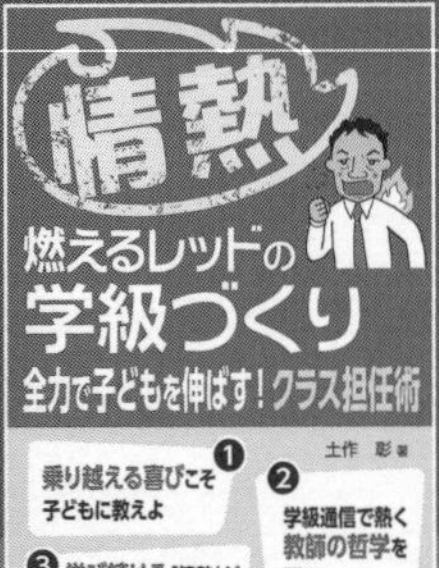


**情熱なしに教師の仕事は成り立たない！**
教師は子どもを伸ばすために日々努力すべきだ。子どもの心をつかむ言葉をかけ、精一杯向き合い指導するのだ。一生懸命頑張れば必ず教師力が高まり、あなたもヒーローレッドになれるはず！教育界の松岡修造ともいうべき熱い著者が燃える思いを本書にぶつけ、指南する。

図書番号:2498
四六判・176 頁
1700 円+税


明治図書　携帯・スマートフォンからは **明治図書 ONLINE へ** 書籍の検索、注文ができます。▶▶▶
http://www.meijitosho.co.jp　＊併記４桁の図書番号（英数字）でHP、携帯での検索・注文が簡単に行えます。
〒114－0023　東京都北区滝野川７－46－１　ご注文窓口　TEL 03－5907－6668　FAX 050－3156－2790